心向阳光，喜悦绽放

把热爱、擅长和机会融入自己生活的每一天,
用心做个好妈妈,
同时成为更好的自己。

尹洋 / 著

唤醒孩子的内驱力

妈妈的魔法书

A MOM'S
MAGIC BOOK:
MOTIVATING
CHILDREN'S
INTELLIGENCE.

中国纺织出版社有限公司

图书在版编目（CIP）数据

妈妈的魔法书：唤醒孩子的内驱力／尹洋著．--北京：中国纺织出版社有限公司，2023.11
ISBN 978-7-5229-1096-3

Ⅰ.①妈… Ⅱ.①尹… Ⅲ.①家庭教育 Ⅳ.①G78

中国国家版本馆CIP数据核字（2023）第184027号

责任编辑：李凤琴　　责任校对：高　涵　　责任印制：储志伟

中国纺织出版社有限公司出版发行
地址：北京市朝阳区百子湾东里A407号楼　邮政编码：100124
销售电话：010—67004422　传真：010—87155801
http://www.c-textilep.com
中国纺织出版社天猫旗舰店
官方微博http://weibo.com/2119887771
天津千鹤文化传播有限公司印刷　各地新华书店经销
2023年11月第1版第1次印刷
开本：880×1230　1/32　印张：6.5
字数：106千字　定价：58.00元

凡购本书，如有缺页、倒页、脱页，由本社图书营销中心调换

我热爱我的工作,它总能让我遇到有趣的灵魂;
我爱我的孩子,他们能让我更清楚地看到自己。

做父母就是做园丁,
给孩子在漫长的童年,
提供适合成长的环境和空间。

在日常生活中,如果我们可以给孩子更多好的引导,
去观察、发现、思考、推理,
孩子的创造力是可以被教出来的。

培养积极阳光、自信美好、幸福快乐的孩子，
是智慧父母们培养孩子的目标。

带领 1000 万中国妈妈,心向阳光,
喜悦绽放,是我们共同的心愿。

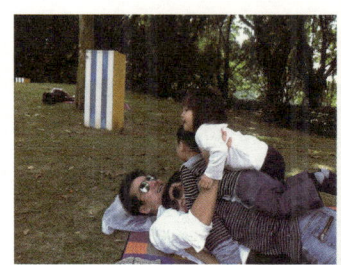

不要让孩子复制父母,
而是帮助他们成为独一无二的自己。

我发现能成为孩子榜样的妈妈,
都特别自律和积极。

一旦孩子有了内驱力，
他的人生就充满了希望！

在大脑发育的重要时期,
给孩子情绪上的安全才是最重要的。

一个可以包容差异、不轻易评判的环境,
会帮助孩子减少不安和自卑,更好地做自己。

好的教育,是孩子们离开我们,
在他们身上体现出来的品质,
会成为他们行为的一部分。

当我们做妈妈的情绪稳定,
充分相信和支持孩子时,
我们的孩子才会真正有内驱力。

推荐序

写给智慧美妈的魔法书

《妈妈的魔法书》的作者尹洋是著名的智慧美妈！在亲子教育方面，她已是该领域的闪亮之星，我一直认为，她未来的前景不可限量。果然，继畅销书《和孩子一起优秀》之后，她又一本新作横空出世，阅读之后，更令我深信不疑她的光明前景。正如莱蒙托夫的《帆》中的诗句所描绘的：

下面的流水比蓝天还清澈，

上面的阳光灿烂如金色……

说回这本《妈妈的魔法书》，我的评价是：这不是一本简单的书，而是饱蘸爱的笔墨书写的美丽的十四行诗句！

看到书名时，首先想到的是梁实秋先生写的一篇文章——《想我的母亲》，说到自己母亲的魔法，其实是世上的所有母亲都有同一种魔法——掖被子。

这个魔法让孩提时代的梁先生心安，睡觉变得无比踏实，也特别暖和。

是啊，一个简单的动作，给我们带来了许多温暖和美好的回忆。它不需要刻意学习，自然而然是妈妈们都会的魔法。

这种魔法是神奇的，同样是伟大的，它不仅仅是一种爱，更是一种无言的传承。

看洋洋的书，一个一个灵魂之问：如何唤醒孩子的内驱力？如何高质量陪伴？如何做好孩子的情绪教养……一个一个问题的智慧解锁，感觉都是充满爱的"掖被子"的画面！

洋洋也喜欢称自己是智慧美妈，这是名符其实的。这首先是妈妈，是润物细无声，一笑如春温的母亲的爱，这才是打开亲子教育宝藏的密码，也是这本书最大的特色。

她不是以站在局外的一个作家来写作，而是以一个妈妈爱的共情心、责任心、风度和美丽写就的。

这风度和美丽也是智慧美妈的标配。美妈也不能没有美，就像作者一样，阳光、风度和美丽。这风度和美丽也包括她书里美轮美奂的图片，特别是和天使般一双儿女的温情生活学习照，以及她从心底流出的美的文字。

我相信，一枚又一枚尹洋这样的智慧美妈，一本又一本美妈们倾心写成的妈妈的魔法的智慧之书的畅销，智慧美妈定会成为这个时代最美的称谓。心向阳光，活出自我的美妈们是一个个发光体，就像一棵树要摇动另一棵树，一片云推动另一片云，一盏智慧的灯，点亮万千盏灯，亮成一片海洋。

同于道者，道亦乐得之！独行快，众行远。感谢写这本书的智慧美妈，感谢读这本书的智慧读者！

韩鹏杰

2023 年 10 月

自序

自己决定自己的幸福

写这篇文字时,我刚刚结束了千人同行者大会,我们用两周的时间,创造了一场线上加线下共计2000人的盛会,这一年,我40岁。

荣格说:"真正的人生从40岁才刚刚开始。在那之前,你只是在做调研而已。"这次的千人同行者大会,我复盘了自己回国四年,从迷茫到找回自己的过程。感受到人生没有白走的路,每一步都算数。

相信是根植于潜意识的自我觉醒!这是我先生在看完我给他的十几本关于潜意识和生命的书籍后,高度凝练的金句。我开始重新欣赏我的先生,当我们的关系变得越来越融洽时,我的事业也变得越来越顺利,拥有了心想事成的能力!

当一个人站得足够高的时候,曾经的困难会变得微不足道。慈,给予他人快乐与爱;悲,感受他人痛苦,怜悯并。苦其走带我最渴望活出的智慧是上善若水,水愿意去到所有人都不愿意去的地方,比如臭水沟、厕所,有多污秽的地方都没有关系,它都可以去,它可以承载这世间所有的我们所认为的不好,只默默去做。换个角度说,你想成为如水般品质的人,最先来的考验就是你是否真的能够承载各种你以前觉得很低端很不喜欢的事？通过各种你不喜欢不接纳让你难受的事，你的承载力，你的容量开始不断扩大，才能像水一样，接纳所有的发生，不被外界带走，依然不影响它的清的品质。

人生最值得的五大投资：第一，用运动投资健康；第二，用自律投资形象；第三，用真心投资关系；第四，用学习投资能力；第五，用善良投资人品。我回国四年，在投资自己这件事情上，花了七位数学费。我深刻感受到投资自己，是稳赚不赔的！

回国四年，我感受到只有脚踏实地的成长，才有足够的自信、勇气与决心，去迎接所有未知的挑战。只有脚踏实地的成长，才能让自己内心充实，眼里有光，时时刻刻充满力量。

"你不需要成为更好的自己，你原本就是本自俱足的，你只需要找回自己！"这是我经常对催眠个案说的话，我的工作很高级，帮人找回自己，给人力量、给人信心、给人希望。我们的初心是点亮全球华人妈妈心向阳光、喜悦绽放！我们多点亮一个孩子，这个世界就多了一个阳光、自信、美好的孩子。

妈妈是孩子最好的催眠师，我们的语言模式决定了孩子的自信程度。

妈妈要说的5句话：

（1）有你，妈妈觉得很自豪！

（2）虽然你没有拿到想要的结果，但妈妈看到了你的努力。

（3）虽然你犯错了，但是妈妈相信你不是故意的。

（4）我们一起总结经验，不再犯同样的错误就可以了。

（5）不管发生什么事，爸爸妈妈都永远爱你。

妈妈不要说的5句话：

（1）当初要了你，我真是后悔。要不是因为你，我早就离婚了

（2）你再吵，我就把你扔出去。有本事你出去了，就别再回来。

（3）你一点都不省心，你知不知道我为了你花了多少钱？

（4）你对得起我吗？你是不是故意给我找麻烦。

（5）你看她学习多好，你再看看你！什么都做不好！

把自己活成一道光，因为你不知道，谁会借着你的光，走出了黑暗。心里有光的人，容得下万物，不乱于心，不困于情，不缠于物。把自己活成一道光，无论我们身处何地，有怎样的处境，我们自己决定自己的幸福。

点亮洋的使命是把自己活成一道光，点亮自己，照亮他人。

尹洋

2023年10月24日

于深圳

目录
Contents

PART 1
如何激发孩子的内驱力 001

智慧地激发孩子改变动机 / 003

如何提升孩子的认知能力 / 010

安全、有效、恰到好处的妙用 / 016

用你的小矮人看世界 / 020

让孩子学会自主学习 / 026

PART 2
如何高质量的陪伴 033

让孩子学会时间管理 / 035

高质量的陪伴是心在 / 038

被认可、被欣赏的重要 / 044

一对一的特别时光 / 047

用问题回答问题1 / 051

用问题回答问题2 / 055

用问题回答问题3 / 057

PART 3
如何做好孩子的情绪教养　061

情绪教养最大，也最重要 / 063

青春期孩子的情绪管理 / 068

妈妈的焦虑会影响孩子 / 072

好妈妈一定要拥抱积极心理学 / 076

妈妈的平和与喜悦 / 081

一个青春期孩子的蜕变计划 / 087

PART 4
孩子成长中的挫折与阻碍　091

孩子有网瘾了怎么办 / 093

智慧地干预孩子的网络行为 / 098

发现孩子自残怎么办 / 101

建立"新权威"轻松应对挑战 / 104

如何应对青春期孩子的外貌焦虑 / 110

如何应对青春期孩子的情绪化 / 115

PART 5
共创美好　121

世界无限，除非你自我设限 / 123

心向阳光，喜悦绽放 / 127

漂亮妈妈要拥有活出自我的能力 / 131

优秀不是生活的本质，美好才是 / 136

成长的本质到底是什么 / 140

点亮自己，照亮他人 / 143

最喜欢的状态 / 146

PART 6
我的那些朋友们 149

和青春期的女儿和解 / 151
好的教育是上行下效 / 155
你变了，世界就变了 / 159
正言、正行、正念的二姐 / 162

PART 7
养育问答 167

PART 1
如何激发孩子的内驱力

引导孩子们找到榜样,
让他们去享受学习,
去勇敢挑战,
去活出自己的热爱。

智慧地激发孩子改变动机

我们知道，身心问题开始进入家长的视野，都是因为孩子在行为上已经有了明显的异常。比如进食障碍的孩子开始不吃饭和催吐，抑郁的孩子不能起床，网瘾的孩子成宿不睡觉等。这些问题都让家长如芒在背、如鲠在喉，恨不得能让孩子一夜之间就变好。但现实是你什么办法都想了，却很少有孩子愿意主动配合。

以至于很多家长来找我，问得最多的一个问题：用什么样的办法让孩子来见你比较好？虽然孩子不愿意配合是最大的障碍，但是改变也是在这个障碍常态化存在的情况下发生的。也就是说，如果把不愿意改变比作天平的一端的话，那么愿意改变的动机它一直就存放在天平的另一端，它们是共生的一对力量，只不过我们现在看不清另一端的样貌而已。那么你需要做的就是想办法看清孩子的改变动机，然后放大它，让天平向另一端倾斜。

孩子天然有改变的动机。

我想先要厘清的一个误区：改变的动机不是家长强加给孩子的，而是孩子天生就有的。天平的另一端就放着改变的动机，这是孩子天生就有的，只不过这一刻，它的力量比较弱而已。我们都有一个朴素的直觉，没有人真的愿意通过饿死自己来避免变胖，也没有人真的愿意躲在家里一辈子来避免紧张。孩子之所以宁愿停留在问题里，是因为他们还没有感受到这些所谓的"缓解方法"，正在演变成毁了他生活的危害。这造成了他们改变的动机不足。

孩子为什么不愿意改变？

主要原因有三个。

第一，身心问题确实会给孩子带来痛苦，但改变可能让他苦上加苦。比如，孩子抑郁的时候，躺在床上根本起不来，虽然心里想着，要好的伙伴都在学校里学习，这很让人沮丧，但是一想到起床去上学这件事，就更让人难受了，课堂上"度秒如年"，想想就头皮发麻。

第二，孩子的行为异常在你的眼里是问题，但在孩子的眼里可能恰恰是解决其他问题的方法。比如，厌食症的孩子会特别恐惧发胖，这种病理性恐惧，常人理解不了。而不吃饭恰恰就能立竿见影地缓解这种恐惧，于是，就算人人都知道长期不吃饭会饿死，但那不是孩子眼前的痛苦，就顾不上了。其他身心问题也是大体如此。

第三，孩子的问题行为往往会给他们带来额外的"红利"。比如因为生病而得到父母更多的关爱，可以阶段性地不用去学校，可以得到期待已久的礼物等。这些都被称为"继发性获益"，意思就是周围人对孩子患病的解读带来了相应的反应，而这些反应正好是孩子想要的，就好像从心理上间接鼓励了身心问题的存在。

怎样激发孩子改变动机？

心理学上会用"改变的准备度"来评估一个人的动机水平，它包含有两个指标，分别是："改变的重要性"和"改变的信心"。就像我们评估一个人的生命体征会看他的心率、血压一样，这两个指标可以用来评估动机的"生命体征"。

"改变的重要性"，是指一个人觉得问题对自己的影响大小以及改变是不是必要。比如一个社交焦虑的孩子可能选择独来独往，你要真问他的时候，他会表示也希望有很多朋友，也希望受欢迎，但是这么多年没朋友的日子也习惯了，所以社交看上去并不那么重要。

"改变的信心"，是指一个人觉得自己是否有足够的能力做出改变。比如一个网瘾的孩子，他确实承认疯狂上网已经把自己的生活都毁了,但是他多次尝试戒网都以失败告终,所以再多一次也不觉得会有什么不同。

我常常把这两个指标用 0~10 分的测量标准,让青春期孩子来打分。你可以让孩子就某一项具体的改变来给自己打分,分值越高,动机就越强。还拿上面两个例子来说,社交焦虑的孩子可能会给"改变的重要性"打 2 分,网瘾的孩子可能会给"改变的信心"打 1 分。

遇到孩子打低分的情况,你可千万不要急于催着孩子改变。而是要让孩子感受到,自己的真实想法是可以被看见、被尊重、被接纳的,他是拥有选择自主权的,这样他才能认真思考改变的可能性。

具体怎么做呢?

举个例子,我的一个青春期个案总是不爱上学,经常让她的妈妈帮她请假。有一次给她做心理辅导时,我就让这个孩子关于"按时上学"这件事来打个分。关键点来了,当孩子给出评分之后,我们需要继续保持好奇心,去探寻孩子的想法和感受。

比如你可以问:"在重要性上你为什么打了 6 分呢?"然后,你可以仔细聆听一下孩子的想法,接着反馈:"哦,原来是这样,你觉得自律确实很重要,但是上课总睡觉,担心同学和老师的看法,反正妈妈可以帮忙跟老师请假。"

再比如孩子给信心打了4分,顺着这个思路他告诉你,因为晚上不睡,早上不起已经习惯了,一下子改过来自己都觉得不可能。

最后,你可以试探性地问:"发生什么情况能够提高你对重要性和信心的评分呢?"这样一来,关于做什么你会有一个逐渐清晰的脉络。比如你可能会考虑在未来要停止给老师打电话来替孩子请假了,让孩子意识到迟到的尴尬是需要自己面对的,这样他对重要性的感知会更清晰;或者跟孩子约定,每周每减少一次迟到都算成功,并且适当地给予鼓励,增加他改变的信心。

用了打分这个工具,带着"准备"二字,就是为了引发关于改变的谈话,让你跟孩子一起准备起来,而不是急于进入干预的惯性里,催孩子马上行动。

真正愉快的谈话是怎样的?怎样避免频繁犯错呢?我推荐给你一套动机访谈原则,俗称为"八要八不要",这是家长需要反复练习的硬核技能。

首先,咱们来看"八不要"。

不要用你的逻辑去争论、教育或者说服孩子;

不要用某个权威或者专家的帽子去说服孩子;

不要命令、警告或者威胁孩子;

不要滔滔不绝地发表一言堂式的演说；

不要对孩子做道德阐释或者评判；

不要对孩子发出一连串的提问和质疑；

不要简单粗暴地告诉孩子"你有问题"；

不要直接给出父母拟定的解决方案或者行动方案。

这八件事其实来自一种被称作"翻正反射"的心理机制，就是说当我们眼里看见问题时，第一反应就是马上去纠正它，而被纠正的一方很自然地也马上会产生抵抗。

当我在分享会上把这个清单给家长们看的时候，他们大多都承认这里面多多少少有自己的影子，确实是卡在这里一筹莫展了。但问题又来了，很多家长表示，这些都不让做的话，自己真不知道该怎么说话了，怎么办呢？别急，咱们接下来看"八要"。

要引导孩子去谈对当前问题和处境的真实想法；

要把沟通的重心放在孩子关心的东西上；

要让孩子自己呈现出不改变会造成的冲突，来制造谈论矛盾的机会；

要强调孩子有选择如何行动的权利，同时要对结果负责；

要把你倾听后的内容，用第二人称"你"开头的陈述句反馈给孩子，比如"你觉得……""你感到……""你认为……"，等等；

要把孩子说的话做阶段性的小结；

要把沟通的目的定位为分享，而不是改变，尽量让谈话温暖有爱；

要主动觉察自己内心升起的评判和敌意，及时调整。

如果你已经能够熟练运用这套"八要八不要"原则，在日常沟通里你又发现，关于改变，孩子自己已经有了明确的意愿和方向，并且想要你帮忙，那你就可以顺势而为，开始进入行动计划阶段了。

做好了上述这些工作，家长就发挥了"安全基地"的功能。恭喜你，可以和青春期孩子做朋友了，离智慧父母又近了一步。

如何提升孩子的认知能力

认知是什么？认知其实包括孩子大脑的一切感知、思维、想象等过程。讲起来很抽象，但它其实表现在一些基础的能力上，比如说注意力、观察力、思考能力、推理能力。这些能力汇集起来，就转成比较高层次的认知，孩子就会面对一个问题，从不同角度去思考、去理解当中的因果逻辑，然后往上长出解决问题的能力。

而这些基础的认知能力，事实上在阅读中，可以做很多很多的学习和加强。

接下来，我要分三个部分来讲解，如何透过阅读去提高孩子的"观察力""观点取替能力"，以及"创造力"。

在加拿大生活的5年，我基本是和孩子们泡在图书馆，我的两个孩子分别从5岁和3岁，成长到10岁和8岁。他们在图书馆老师的带领下，看过很多很多有趣的绘本。那时候我就惊讶地发现：好的绘本除了可以发展孩子的观察力，还可以帮助孩子们发展观点取替的能力，能了解从别人的角度来看这件事情会是什么样子。

观点取替包括三个方面：视觉的观点取替、认知的观点取替和情感的观点取替。举个例子，我记得有本绘本叫作《鸭子？兔子？》，这本书画面上的动物，从右边看像是长长耳朵的兔子，但从左边看又像是嘴巴长长的鸭子。然后两方从不同角度看，相互争执这到底是鸭子还是兔子。在这本绘本中，孩子有机会看到不同视觉角度造成的不同观点。通过绘本教育，能让孩子收获同理心。这是 AI 时代，孩子最应该具备的特质！

创造力其实是很难教的，因为它牵涉到更复杂的向度，比如说"流畅、变换、独特跟精进"。我在讲座中，做过一个调研，手上拿一个纸杯，然后我问家长和孩子们："纸杯可以拿来做什么？"大部分孩子和家长会回答："拿来装水。"

有一个 5 岁的小朋友，回答到："纸杯可以装水、装开水、装汽水、装果汁、装牛奶……"她可以无限地一直装下去，装各种饮料。我马上就表扬了她，这个孩子可以在同一个向度上的流畅度很厉害！

有一个 8 岁的男孩回答到："杯子不只可以拿来装水，它也可以拿来当笔筒，它可以拿来当帽子，剪一剪它还可以做风车。"我非常赞叹他的回答！他是在不同的向度产生很多不同的答案，这就是"变换性"。这是创造力的另一个维度。

最后我还问了一个 13 岁的女孩，她并不是在同一个向度上说出很多很多答案，也不是产出很多不同向度的答案，但是她讲出的那个答案太有趣了，她说："我可以把它烧了后，做成灰迹艺术品！"你问一百个小孩，不会有一个小孩说得出这种答案的，那这种孩子创造力的特性，就叫作"独特"。

创造力呢，看起来好像是一种与生俱来的能力，它就好像突然在那里了，也不知道怎么教，但其实不是。在日常生活中，如果我们可以给孩子更多好的引导，去观察、发现、思考、推理，孩子的创造力是可以被教出来的。暑假多带孩子们去博物馆、科技馆、美术馆多看、多去感受，也可以亲近大自然，去感受更纯净的能量，来提升孩子们的认知！

对大脑的研究发现，人类情绪主要并不在高层次的大脑皮质区运作，而是在边缘系统这些比较低层次、比较原始的脑区运作。而当情绪主要是在原始脑区运作的时候，造成的一种结果就是，我们人类的情绪运作可能比动物好不到哪里去。也就是说，如果在大脑皮质区运作，一个外界的讯息进来，经过处理，我们其实是可以经过学习，然后很好地做出回应。可是如果情绪在这种比较低等的脑区运作，它就会以一种近似于本能或反射的方式做出回应。

当情绪是以一种接近于反射，或是本能的方式在做回应的时候，我们在情绪处理上，就出现一个很大的难题，叫作"情绪一来，就淹没了理智"。因为我们来不及思考再反应，也很难由意识去掌控它。于是，发生的状况就是，我们父母明明知道我们不该生气，可是我们就是控制不住自己；我们明明在知识和理论上知道我们应该要怎样回应，可是就是做不到。

除了生理机制的设计外，另外还因为在我们中国人的文化里面，是缺少应有的情绪教育的。在我们的文化里面，很重视智能的教育、知识的教育，但是我们其实不太在乎情绪的教育。这导致我们这些为人父母的人，在成长过程中，我们知道要如何追求成功、追求卓越，却从来没人教过我们，要怎么关照好自己的情绪。

然后，到了有一天我们成为父母的时候，我们其实也不知道要怎么去教孩子管理好情绪。在长期的压抑跟忽略下，我们常常弄不清楚自己真正的情感状态，也无法掌握怎么样才叫作合宜的情绪。在孩子成长的过程中，我们作为父母，不太关切孩子的感受，比如说孩子受伤了，我们就会和他说"你不要哭"。孩子做了很棒的事情，我们不敢赞美孩子，害怕他们翘尾巴，得意忘形！造成的结果就是孩子高兴也不敢高兴、生气也不敢生气、难过也不敢哭。长期下来，孩子们的身心是极不健康的。

我们作为父母，对自己的情绪也不太清楚，比如我的阳光妈妈闺蜜荟的姐妹会告诉我，当她看到自己的儿子摔倒了，心里明明是担心，当场反应却是生气，去骂小孩说"你为什么不好好走"？甚至还揍他。

这种状况很明显的就是我们父母的情感表达不当。我和她一起探讨了更好的解决方案：当场她应该对儿子说："你有没有受伤啊？"先表达你对孩子的关心，然后和孩子说"走路要好好走，你如果受伤了会让妈妈很担心"，而不是当场以愤怒的情绪去取代你的焦虑。

除了对孩子，在婚姻上也是这样，我们中国人的婚姻的特性是所谓的"高稳定、低满意度"。这跟我们在情绪表达太弱有特别大的关系。我自己和我的先生就在这个上面踩了太多的坑，从小成长的历程中，对于情感的忽视和压力，导致我们在进入真正重要的情感关系时，不管是亲子关系还是夫妻关系，我们往往都在情感这一块处理得很薄弱。因为我们练习的机会少、运作的机会少，不知道如何自我辨识，也不懂得如何辨识他人的情绪。

我们从离婚的边缘，走到现在的亲密无间！太感恩了。他全力支持我的事业，用他伯克利博士后的才能帮助我一起打磨课程，因为通过我们的真实改变，萃取出的方法论，我们希望能践行到更多的家庭关系上，让更多的家庭可以少受苦。我们不仅要自己的家庭好，我们还要更多的中国家庭能够其乐融融。

安全、有效、恰到好处的妙用

你用了一年督促孩子练钢琴,但他每次坐上琴凳还是会讨价还价,你可能就会想,我怎样才能让他把弹琴变成日常习惯?

你是一个爱看书的人,但你不知道如何把你的孩子也变得爱看书?你多么希望他也能养成爱阅读的好习惯。

你看,这就是我们在生活中遇到的问题,我们不只是希望为身边的人提供安慰,我们还希望看到他们的成长,培养更好的行为习惯。

我的工作是让青少年的状态发生改变。让人发生改变,变成自己要的样子,这件事虽然每个人每天都在做,但成长规划师把它做成了一份职业。跟普通人相比,职业的成长规划师可以让改变的过程安全、有效、恰到好处。

安全的意思,就是没有伤害。焦虑的妈妈跟我倾诉,我不会听着听着就失去耐心,更不会在心里觉得她是个有问题的人,一句话"不就是孩子不愿和你沟通吗,至于这么焦虑吗"?让她更不舒服。相反我理解不同人有不同的想法,我要让她在良好的保护下改变自己的状态。我会肯定她对家庭的付出:"你是一个非常细心的人,对孩子付出了你的全部,你为孩子的成长所付出的这些努力,换成是我都做不到。"先肯定,再给她指导建议,对方就能接受建议。

有效的意思是说,成长规划师真的有办法让改变发生。帮助孩子激发内驱力,持续充满成长的动力!

作为父母,我们一遍遍对孩子说:"请你自信一点!"你以为他不想吗?但我们越这样说,他就越没自信。成长规划师会怎么说呢?我们会说:"来,我们看看这次和上次相比,你有哪些进步?"我们知道,这才是帮助孩子积累自信的办法。

恰到好处的意思是说,我们不会凌驾于对方的个人意志之上。我是一个助推器,他才是自己生活的主人。

我告诉家长:"如果我来督促孩子练琴,我会找到适当的力度和方式,不让他觉得这是替我完成任务,否则他会把精力放在跟我对抗上,而不是弹琴本身。"

把"安全、有效、恰到好处"这三点做好,改变就成了一门手艺活。我们阳光妈妈闺蜜荟在做的事情,核心就是让孩子发生改变,帮助妈妈们成为孩子的内驱力教练。在陪伴的过程中，家长是不焦虑的、喜悦的、放松的；孩子是开心的、享受的、充满着内驱力的。最后达到的状态就是"心向阳光，喜悦绽放"。

我们的初心是带领1000万中国妈妈心向阳光，喜悦绽放！达到的愿景就是我们中国的孩子，变得越来越阳光、越来越自信、越来越美好！我们多点亮一位妈妈，这个世界就多了一个阳光、自信、美好的孩子。

这样的养育方式，很适合现代的妈妈们去学习，去实践。因为世界正在改变，越来越多的人期待自己可以顺应变化，又不知道怎么改变。他们渴望得到专业人士的帮助。社会越发达，人们就越关注精神层面的成长，对成长规划的需求也会进一步增加。

在教育行业里，有能力回应真实世界的挑战，比什么都重要。所以我们阳光妈妈闺蜜荟的初衷是，我们教你和孩子沟通，其实只教你一件事：如何让孩子发生改变发生。

说得再具体一点，那就是：如何用安全、有效、恰到好处的方法，让你的孩子拥有内驱力。一旦孩子有了内驱力，他的人生就充满了希望！

我们阳光妈妈闺蜜荟的做法是，不谈书本上的内容，不教你概念、名词解释、理论模型。每一讲，都只有一个核心：改变。孩子想改变,你可以做什么?他凭什么信任你?如果改变的过程不顺利,可能有哪些原因,又该怎么解决?这些实践中的问题,我们会带你逐一找到答案,真正从知道到做到。

我服务过 1000+ 个案,拥有大量激发内驱力的成功经验,我认为自己值得妈妈们信任。但真正重要的是,我会站在妈妈的角度,考虑如何为她们创造她们需要的价值?

在帮助孩子改变时,存在哪些具体的困难:孩子不想变怎么办?想变又变不了怎么办?孩子不信任你怎么办?孩子过于依赖你,放不了手又该怎么办?我会教给她们,怎么做就能解决这些困难。

最重要的是,我不只是教给妈妈们应该怎么做,我还会和她们站在一起,把这些动作真实地践行出来,从知道到做到,它才是有价值的东西。

用你的小矮人看世界

我们会跟不同的来访者产生不一样的关系。我举个例子：比如有的孩子在学习中遇到了困难，你给他提建议，他很高兴，觉得你在帮助他。但也有这样的孩子，你给他提同样的建议，他心里很反感，他会想：你了解我吗？凭什么对我的学习指手画脚？你知道我有多努力吗？

辅导这样的孩子，成长规划师就要用支持性的方法促成他们的改变。比如从孩子身上找优点：哪些地方做得好？你怎么做到这么好的？还有没有可以优化的地方？……这样谈，对方会越谈越有干劲，就有了改变的可能。

当一个家长放心地把孩子交给你，希望你来辅导和培养他的孩子前，我们必须解决一个更根本的问题：你能看见来访者和你的关系吗？你要怎么看出关系的特点？

孩子会不会对你产生反感？喜欢？这都是我看到的。没有咨询经验的人，不太能注意到对方的反应，会陷入自嗨，还在自顾自地提建议。有时直到谈话结束,都不知道发生了什么。如果我们看不到关系,当然就谈不上后续的一切应对。

关系这种在日常交流中被忽略的信息,对咨询效果有至关重要的影响,又隐藏在表面的话语之外。如何才能看到呢?不同流派有不同的训练方法,我教给阳光闺蜜荟的妈妈们的方法叫作:用你的小矮人看世界。

这个小矮人,是我们想象出来的一个存在,我们也把它叫作"第三只眼睛"。意思是说,假想你肩膀上坐着一个人,随时在观察你和对面的人互动的过程。对面的人在说什么,做什么?说完之后你又在说什么,做什么?

这个比喻,来自于家庭治疗大师萨尔瓦多·米纽庆(Salvador Minuchin)。他说自己肩膀上随时都有一个小小的米纽庆。这个小米纽庆始终"游离于互动之外,观察治疗中发生的一切"。

打个比方,我现在说一句:"你准备好了吗?"你回答"准备好了",是在回应我问话的内容。这是我们日常交流的信息,人人都能看见。但小矮人看的是"李老师想干嘛"?这就是关系信息。关系就像文学作品里的潜台词。看不见,却决定了情节的走向。同样一件事,两个人是合作,还是对抗;我是在邀请你,还是在命令你;是你想改变,还是我要你改变,都会影响到这件事的进展。

想成为激发孩子内驱力的成长教练,先要学会用小矮人的眼睛看到关系的影响,你才能在不同的关系下解决不同的问题。

那如何培养一个可以看见关系的小矮人呢?借用米纽庆的话,我们可以把它分成两步:

第一步叫作"游离于互动之外",也就是跳出来;

第二步叫作"观察发生的一切",也就是知道去看什么。

第一步,跳出来,说的是你要跳出你和别人互动的习惯。

我们有很多日常跟别人互动的习惯。别人问好,我们也习惯性地问好;别人遇到困难,我们习惯帮他解决困难;发现别人犯错,会忍不住提醒他的错误。培养小矮人的第一步,就得在做这些习惯反应的同时,跳出来。

我有一位加拿大的朋友告诉我,她第一次体会到心理咨询的厉害,是在她刚到加拿大的时候,去参加了一个心理学大会。她在会上碰到了一个特别厉害的老师,她一见面就说"您好",对方没有回答,而是反问:"你说您好的时候,有什么想法?"

我的朋友说:"没什么想法,我就是在表达礼貌。"老师点点头,说:"你在初次见面的时候表达礼貌,这让你想起了什么？"我的朋友就呆住了，想起了很多，小时候、工作上、家里的事。当她凝望老师的双眼时，她泪流满面，从见到老师的第一分钟就进入了状态。

你看，这个老师的厉害之处就在于，他没有直接回答"你好"。而是停下这个习惯反应，才会呈现出关系信息。学会让自己的念头从这个互动里跳出来。

小矮人的眼睛在看，它会看到：这是一个有礼貌的互动，我们在保持彬彬有礼的关系。

怎么看出这种关系呢？这就是第二步了：你要知道去看什么。

你要看的，不是一些空泛的概念：好不好，熟不熟，这是看不见的。我在面试阳光妈妈闺蜜荟的学员时，我会让她们描述："你和父母是什么关系"。一开始他们说的都是概念："我们关系挺好的"，或者"他们很爱我"，就没了。

但到底什么是好，什么是爱呢？我们要看的，是具体发生的动作。我们和父母每天都在互动。如果有一个小矮人，站在局外人的角度来看，它看到的就是："妈妈每天发微信，让我少熬夜；爸爸陪我的时间比较少，但我需要钱的时候，都是爸爸打给我；如果我事情比较多，一般不会主动给他们打电话；过一两个星期，他们会给我打电话，多数是妈妈打来的。妈妈会在电话里跟我抱怨爸爸，爸爸几乎从不对我抱怨妈妈。"

我们说的关系，就是要带着学员去看这些具体动作。用小矮人看三方面的信息。

第一，看来访者具体做了什么：他在我的工作室里说了哪些话？是怎么说的？是你问一句他答一句，还是他像连珠炮一样一口气说了很多？说到什么地方，他最动感情？有哪些信息你问了，他没说？他不说话的时候，在做什么呢？

第二，去看对比、看差异。来访者和别人在同样的场合下有哪些不同？哪些行为他这么做，别人不这么做？或者，他身上哪些行为是变的，哪些是不变的？

举个例子：我有一位青春期个案，她穿得特别少，在空调房会瑟瑟发抖。我提醒她，下次来，记得带个小外套。可她在第二次来时，还是穿得很少，继续瑟瑟发抖。这就是他和别人的差异。你可能会想：她只是穿得少而已，为什么跟关系有关呢？因为我的青春期个案很想得到格外照顾。这就是她在关系上的特点。她让自己看起来很可怜，别人就会想去照顾她。我在给她做咨询的时候，把这个观察作为切入点，取得了重要突破。

第三，你除了看对方，还要看自己：在咨询中我都做了什么？这个来访者跟别人相比，有哪些特别的反应？小矮人要自我观察。

有人会说：我自己作出来的反应，还要特意观察吗？其实，有一些我们做惯了的动作，恰恰不容易看见，需要小矮人旁观者的视角。

比如说，我有一个特点，特别爱回答问题。当我遇到一个喜欢提问的来访者，他问什么，我就回答什么，他再问，我再答。我很享受，没有意识到这是他和我的关系。直到有一天，我的小矮人跳出来观察这个咨询，心想：我跟别人不说这么多话啊，为什么在这个咨询里话这么多？我才意识到，这就是我们的关系特点。所以，小矮人要把自己也当成一个观察对象。

要培养这种观察能力，它是一个长期过程。从你理解"关系"到底是在说什么，到形成一种新的思维习惯，有意识地去看，需要几个月甚至几年的练习。所以我们把阳光妈妈闺蜜荟的课程设定为一年，让大家有足够的时间可以练习，才能培养出来看关系的眼睛。

如果你想在自己的互动中看到关系，就要从现在开始，练习用你的小矮人看世界。一起加油吧！

让孩子学会自主学习

我想先来说说对学习的理解。所谓的学，就是从一个领域的核心知识出发，向外探索并接触新事物。简单说就是要在你的核心知识内部建立一种连接，把一个个碎片化的新信息，用原来的知识系统进行连接。这里头还有个非常重要的过程，就是通过不断地重复已经知道的东西，让你的大脑，让你的新知逐渐下沉，不断重复的过程就不再是学，而叫习。

《道德经》有言：有无相乘，虚实相生。在老子看来，看不见的东西比看得见的东西更重要。学习自主性是我认为的看不见的核心竞争力。指的是不需要别人让他做或者告诉他如何做，他就能自己去判断、规划并且执行一件事的能力。当孩子有了这样的动力和能力，爸妈就可以放心、放手了。

培养主动性需要合理的激励和科学的方法，但核心在于赋能——所有的激励和方法，不是为了控制，而是为了让孩子做主。最佳的培养年龄是4~10岁，属于早期但不是极早期。

太小的孩子还没有消化这些滋养的心智,再大一点的孩子主要是被社会教育,受同伴影响,父母对他们的影响变得很小。

只有这段时间父母对孩子的心智成长能发挥最大的影响力。在这个阶段,在父母提供的安全环境里、爱的温暖包围下,孩子养成学习习惯,开始自发地针对性学习,运用金钱来度量、规划、实现自己的需求,并理解需求并不都能满足,自己总要作取舍。

最重要的是,让孩子懂得,父母是另一个主体,有自己的需求、爱好、约束,对孩子无保留的爱并不意味着无止境的付出。孩子开始领会到说到底总要靠自己。但这种体会并不使他感到伤心惶恐,而是释然之后的跃跃欲试。我在陪伴两个孩子的过程中,特别注意了这其间的度,这不光是孩子的成长之旅,也是为人父母者再成长。

要想做到不疾不徐,不躁不怠,从容地将孩子带到人生的下一站,我们不仅要教育孩子,更得再教育自己,在为孩子规划的旅程前反观我们自己的旅程。我们只有充分地爱自己,才能有能力爱我们的孩子。

人生是场马拉松,你我也不过才到中途。教育的本质是上行下效。你我怎样成长,才是向孩子展示什么是成长的最有说服力的身教。孩子未来有无穷多的可能,唯独有一种不可能:

他不会去成为你想他成为但你自己却不去成为的那种人。

我们和孩子在心智和思维方式上很不对称。因为心智发展的成熟度和社会经验的巨大差异，孩子和大人看待世界的角度很不一样。比如大人做事会考虑社会规则和别人的看法，而小朋友则更以自我为中心；大人讲究规则和逻辑，而小朋友只关心好不好玩。

拿打造读书氛围为例，要想激发孩子的学习自主性，就要为孩子营造读书环境，并不是简单地准备书房或者书架，而是要解决什么时候读、在哪里读、和谁读这三个问题。

什么时候读，就是把读书的时间固定下来。比如放学回家后的半个小时、睡前半个小时，或者周末的某个下午，都可以作为专门的阅读时间。我们家每个周末的上午，都会雷打不动地在咖啡馆看书，再加上每天睡前亲子阅读的半小时，就能非常棒地激发孩子的学习自主性。

在哪里读，指的不是书房，而是孩子生活和学习的每个场景，比如客厅、洗手间、卧室等，都可以随手拿到书来读。这些是固定场景。移动场景也一样，比如旅行或者周末出门，孩子们和我都会在随身的包里放上一本自己喜欢的书。

孩子的学习自主力需要有节奏的培养，不能强势，更不能联合一家人的力量来压制孩子，就适得其反了。我的一个学员觉得女儿不喜欢阅读，老喜欢躲在房间和同学发短信、打电话。后面这件事变得越来越敏感，她经常会在女儿房间门口偷听女儿有没有和同学电话聊天。如果有，她就会直接冲进女儿房间，对女儿大喊大叫，严重时会一边喊一边哭泣，女儿有时也会一边喊一边哭。这时，她先生和她公公婆婆都会一起冲到小女孩的房间里，一边安抚她，一边训斥女儿。

她声泪俱下地给我讲述她的不幸，讲到后来全家人都搅在一起时，她特别痛苦，觉得自己的想法是对的啊，为什么女儿就是不听。

我问这位妈妈，到底是你女儿打电话这件事痛苦级别高呢？还是你试图改变她的努力而导致的痛苦级别高呢？我的问法让她非常惊讶，她从没想过这个问题，愣了好一会儿说，她就是在想为什么女儿不接受妈妈正确的建议。时间不能浪费，学习的自主性是一天天在正确的习惯下养成的。她如果天天打电话，不学习，这个孩子就废了！

妈妈试图把自己的想法强加给女儿，这会导致女儿的情绪痛苦和身体痛苦，所以女儿要和妈妈对着干。女儿的对着干，让妈妈更受不了，于是妈妈发动全家人去压制女儿……

这事如果一直这样下去，女儿可能也会使用更严重的手法来对抗，比如虐待自己的身体、自残、用小刀割自己的手臂，以此向大人示威。

总结一下,首先是意志较量,我希望世界按照我的想法运转,而当世界没有这样运转时,会有情绪上的痛苦,进而转变成身体上的痛苦。

接下来还会有一个恶性循环,那就是我们更不接受自己的情绪痛苦和身体痛苦,和这些痛苦对抗,由此构建了无比复杂的心理防御机制。结果心理防御机制成了一个迷宫,而我们的痛苦之身也成了一个非常复杂的存在。

那么解决方案是什么?既然我们清楚了这个问题的产生过程,那我们反着来就可以了。

首先,知道自己的想法系统,就像是一个保护层,它们不是真理。

其次,接受我们自己身体痛苦和情绪痛苦的存在,深入到伤痛层中,好好去感受身体痛苦和情绪痛苦,让它们自由流动。当你这么做时,你会发现,不管多么痛苦的感受,当你不和它们对抗,让它们自由流动时,都会变得美妙无比。

最后,当我们放下自己的想法,又穿越痛苦之身后,我们也许就能进入到所谓的真我中。

青少年的身心健康是第一位的,千万不要把我们的执念强加给孩子。向外去掌控孩子,只能让我们的心离孩子越来越远。只有我们自己向内观，让感受流动起来，情绪稳定起来，才能真正做好孩子的容器，孩子的学习自主性是妈妈情绪稳定的产物。

PART 2
如何高质量的陪伴

我希望自己和孩子们都能把
"内有智慧，外有方法，成为富足的人"
作为一生的功课。

让孩子学会时间管理

我经常被学员问到一个问题:"怎么样才能够让孩子高效学习,高效做事,高效成长呢?老感觉他很磨蹭,做什么事都磨蹭!"最关键的一点,其实是时间管理。

怎么教会孩子时间管理呢?我总结了三个比较简单的方法。

1. 让孩子的学习任务可视化

比如孩子有三门功课,那么你就把它写在一张很大的纸上,语文、数学、英语。然后在每一门功课上,算一下大概要多长时间。不管是半小时,还是10分钟,你把这个时间画出来,比如10分钟一格,半小时就画三格。

时间是很抽象的东西,对小孩子来说,理解困难,你就帮他用具象的方式呈现出来。可以把时间长短画成大圈小圈,或者长条短条,让孩子看见他有多少工作。

如果孩子更小,还可以用一些好玩的方法,比如贴纸、玩具之类的来表示任务。今天晚上有三个任务,做完了一个就可以拿掉一个,或者贴上一个,或者打个勾。我们阳光妈妈闺蜜荟的其中一个姐妹叫旭旭,她的三个孩子培养得非常优秀,老大在牛津、老二在剑桥、老三在伦敦大学。她从小就是用这个方法管理自己孩子的时间。

你一定要用一种视觉的方式让孩子知道他有多少事。这跟我们大人,在自己生活、工作当中列任务清单是一样的道理。我的视频号中还有她关于孩子时间管理的培养方法,特别简单、特别落地,一学就会,贵在坚持!

2. 提前准备

如果孩子到第二天早上要上学的时候才说:"完了完了,快迟到了,还有5分钟,我要带双球鞋,今天有体育课,哎呀,还要再带一双球袜。"这个状态就忙活得不得了,我的儿子常常就是这样。

父母要帮他养成做任何事都要提前准备的习惯。最简单的训练可以从准备第二天的物品开始。这个时间可以放在头天晚上。在幼儿园阶段,家长当着孩子的面提前准备,逐步过渡到家长制定规则,让孩子来准备。

比如每天睡觉前有一个任务,就是想想明天要带什么,提前把书包整理好,并且自己做。

还可以让孩子帮忙计划简单的事情,比如春节全家出去玩，孩子参与到这次准备过程。包括去哪里玩，怎么买票，需要多长时间。孩子不需要做全部工作，但可以根据年龄，来参与其中一部分。我的两个孩子就从最开始的设计攻略，到后面的买机票、订酒店都让他们来完成。孩子们长大后非常愿意为全家计划家庭假期，这些都可以帮助他们养成做事准备的习惯和技能。

3. 简化和统一规则

可以给孩子一本自己管理的日志，也可以用电脑，让孩子有意识地记录自己要做的事，要见的人，还要学会分类。这样的方法，越大会越有用。比如到了中学，孩子的世界会变得复杂很多。他们不仅要学各种各样的功课，功课的难度也有增加；他们有各种各样的考试；他们还有各种各样的课外活动。

此时，孩子应该在统一集中的地方，能够简单清晰地看到自己各种各样不同的任务。有需要跟老师打交道的，有的是一个月以后的考试，但要提前准备等。

如果有一个地方能够让孩子很好地做记录和分类，这样他就能有自己驾驭自己生活的感觉，之后再慢慢地学会自我管理。时间管理对孩子的基础技能和综合能力的发展都有非常大、非常好的作用。

孩子们也会在培养时间管理的过程中变得越来越自信，越来越能掌控自己的生活和学习。

高质量的陪伴是心在

所谓的高质量陪伴，是指父母通过行动和态度让孩子感受到，父母跟他是有连接的，而且能够及时回应他的需求。

具体怎么理解呢？其实不是要求父母时刻陪伴在孩子身边，满足孩子的所有要求。而是无论父母身在何处，都能了解到孩子的动态，评估孩子的需求，提供必要的支持、保护、监督和约束，让孩子既感受到安全，又感受到界限。之所以说它不简单，是因为在场其实分为三个方面：物理在场、情感在场和网络在场。我把它通俗地称为"人在、心在、网络在"。

1. 人在

人在，表面的意思是陪伴。但谁都知道陪伴不是越多越好，而且青少年对父母的陪伴需求并不高，因为他们越来越注重个人空间了。然而这也不代表他们不需要你"人在"，而是需要你灵活地在。怎么个灵活法呢？父母的守望其实有三个级别：开放注意状态、聚焦警觉状态和积极保护状态。

比如正常情况下孩子上学、放学回家，你该干嘛干嘛。通过日常的互动你就能掌握孩子的状况，这就是"开放注意状态"。孩子不经意间就能感受到父母的人在，同时不会感到明显的约束，你也不需要投入很多精力。

如果孩子放学没按时回家，也没有打电话，你就会进入"聚焦警觉状态"，要想办法尽快联系上孩子，要知道他在哪儿，什么时间回来。这时孩子会迅速感受到父母存在的力量，同时感受到安全和约束。

如果孩子反复出现放学不回家，去网吧打游戏，甚至联系不上的现象，你肯定就要进入"积极保护状态"了，要上学送进校门，放学等在校门口，无缝衔接。孩子可能会有逆反心理，但这样的人在却是必要的，它能让孩子感受到一点：只要父母在，这种行为就不可能持续下去。

灵活的人就是在这三种状态里按需切换。

2. 心在

心在，是指父母在陪伴孩子的过程中，既能够做到全然投入，又不被情绪左右，还会主动求助，纾解自己的负面情绪。

全然投入，是指放下杂念，让心跟孩子在一起。我们知道，人除了为人父母，还有很多其他角色和责任，自然也会产生很多压力，这常常让我们人虽然在孩子这里，但心却不在。

比如晚上吃完饭孩子跟妈妈讲学校的事，而妈妈却一边"嗯、啊"地应付着，一边不停地刷手机，忙着公司事务。你想，换做你是孩子，你是什么感受呢？过去的我，就踩过这个坑，被女儿投诉："妈妈，你根本没有听我说话！"

自此之后，我只要和孩子说话，坚决把手机放在一边，全息聆听。不被情绪左右，是指看到孩子的问题时，能觉察并管理好自己的情绪。所谓"关心则乱"，看到孩子病着的样子，或者是问题行为，心疼、害怕、自责、愤怒等这些情绪的升起是自然的，这时，人被情绪淹没很常见，然后就自动化反应了。比如像鸵鸟一样逃避，像袋鼠一样溺爱，这些都属于乱了阵脚。

总之，心在的家长能够分享孩子的喜怒哀乐，同时还能把控好自己的反应。但人无完人，做不到的时候怎么办呢？家长还会在感觉困难的时候寻求帮助，搞清楚问题所在，缓解自己负面的情绪。

3. 网络在

网络在，指的是父母要在周围搭建一个支持网络，需要的时候可以从中得到帮助。

我们的主要支持来源是由婚姻、家族、朋友和专业机构组成的。这个网络的作用很明显，它一方面能补足人在的功能，比如父母出差时，长辈帮忙照看孩子；老师在孩子出问题时，也能帮父母观察孩子等。另一方面它还能支持心在的功能，有的人能听你倾诉，帮你宣泄情绪；有的人能帮你厘清思路，提供行动上的帮助。想象一下，你跟孩子之间有一条线连接着，而你们之间又通过其他人和机构交织连接，这样的网是不是更加稳定。

为什么说心在才是最重要的。人在、心在、网络在其实是环环相扣的一个整体。但这里面最重要的是哪一环呢？就是心在。为什么这么说呢？我们来看一个真实的案例。

我有一个青春期个案小美，今年17岁，看上去听话有礼貌，你很难想象，她有情绪失调障碍和社交焦虑。幸运的是她接受治疗两年多了，父母一直陪伴左右，现在她能够规律地看医生、做心理咨询，还恢复了学业，病情开始稳定向好了。

然而在两年前，情况可完全不是这样的，小美的父母经历了一场浴火重生。

在孩子刚确诊的时候，小美妈妈非常自责，因为她工作非常忙碌，缺少对孩子的关心，她甚至回忆不起孩子病前有过什么引起她注意的事儿。带着内疚，她放下了全部的工作，全身心地去照顾小美，但是面对着孩子病中的表现，她自己的情绪却经常崩溃，常常大吼大叫，要不然就是以泪洗面。而小美爸爸开始大量阅读心理学书籍，学习沟通和合作。他逐渐能够理解妻子的愤怒和沮丧，一步一步把一个支离破碎的家，重新拉回了正常的轨道。

那这个转变是怎么发生的呢？我们来看一看，在孩子的病情明朗后，小美的父母最先做到的是人在，然而他们的心在是很有问题的。小美妈妈控制不了自己的情绪，小美爸爸面对不了自己的恐惧。

妈妈觉得爸爸无能，只会逃避，感到失望、愤怒；而爸爸觉得妈妈冲动、不可理喻，自己一直被贬低，也感到愤怒。这些成见和情绪在同一个屋檐下频繁爆发的时候，你可以想象，那里面的每个人都是多么痛苦。所以你看，"心在"如果处理不好，孩子不仅不会好转，还会让"人在"变成病情加重的导火索。这是心在的第一层重要性。

接着，小美爸爸在最开始回归的时候，也不是一帆风顺的，夫妻俩的情感反应模式跟孩子的病理一样，都是自动化的。但是"一切为了孩子"，两个人是有共识的，于是他们一起接受了心理咨询，意识到问题出在了"心在"上，这才有了后来学习管理情绪的一系列行动。爸爸抱着"任妈妈怎么发火，控制住自己才是正道"的心态，专注在行动上，规划孩子的生活起居，坚持定期来做催眠，处理自己的情绪；而妈妈也看到了爸爸的担当，越来越平和了，对爸爸的夸赞也越来越多。

让孩子身心健康是任何一个父母最原始的愿望，只有心在才能把握住这个目标，让行动发生。这是心在的第二层重要性。

最后，夫妻彼此和解了，内心变得稳定清晰了，精力也能更好地用在改善人际关系上了。比如之前因为脆弱而远离家族成员，因为羞耻感而不敢跟同事提起这些困扰，现在都可以坦然面对，人际氛围轻松了不少，这让他们面对问题也更加游刃有余。

心在成就了网络在，而网络也反哺了心在的质量，让一个家庭终于回归到正常的生活。这是心在的重要性。

被认可、被欣赏的重要

认可,指的是对一个人的情感体验以及他的需求,我们去看到和承认它的合法性。但实际上如果我们去回顾一下我们对于一个人的情感、情绪的这种态度,有时候你会发现我们对于很多的情绪,其实有的时候态度是非常苛刻的。

认可有六个层次,总结了六点大家可以立刻践行。

第一点,就是要无条件地倾听和关注。这个孩子跟我倾诉,不管我内心升起什么样的评判,我觉得这孩子不好、不对,然后不应该,我都告诉自己,我要无条件地去倾听、去关注。把自己的注意力把自己的时间给到孩子,然后在这个过程当中慢慢地去理解,去找到这个孩子的情绪在哪,他的需求在哪,然后我能够为他做什么。

第二点,在倾听和关注之后,能够接住这个孩子的情绪,你可以去询问、去澄清,然后去确认,你说的这句话是什么意思?你刚才说的是这样,我理解的对吗?用这样的方式去澄清、去确认。

第三点,就是我们可以把我们自己放在孩子的处境,因为我们也是人,人性是共通的,我们用将心比心的方式去做一个读心的功能。如果把我自己放在孩子那个位置上,你会不会很累?你会不会一直不能够放松,你会不会对妈妈很失望?当你用读心的方式去把这样的情绪标识出来的时候,其实你也是在帮助你的孩子,帮助他去识别和理解自己的情绪,记住这个能力是非常重要的。

第四点,除了读心外,你要试着去理解你孩子的情绪来源。从过去孩子的既往经历,从当下这个孩子,如果他生病了,可能他会有一些病理性的情绪和思维。

第五点,从当下的情境来理解孩子的需求,体察孩子的情绪,如果他真的是合理的,你就要给予支持。比如说,我知道了,难怪今天跟你谈暑假安排的时候你会很烦躁,你本身就已经很累了,很想休息,同时你又怕我失望,你自己内心其实就挺纠结的。所以我们一提的时候,难怪你会这么烦躁,我理解了,其实我觉得你需要休息,这是非常正当的需求。这个支持可以是言语的一个同意,也可以是行动上的直接支持,来,我们设计一场说走就走的旅行,这也是可以的。

第六点,就是做一个真实的人去体会孩子。站在他的角度,同时也站在自己的角度,既理解自己,又去理解孩子。用这样一种真实的、自然的态度去体察孩子、理解孩子,同时你也可以给自己一个认可:哦,我过去确实是很焦虑,然后我确实给了你很多焦虑的信息,当你这么说的时候,我是有一些内疚的。这样一些真诚的表达,让孩子看到你也是人,是一个真实的人,同时他也被作为一个平等的真实的人对待,就这样进行交流和互动。

当孩子能够这样去识别自己的需求,并且去表达、去交流的时候,我们就朝向一个有效的相处方式迈进一步了,对吗?我们就可以跟他去看这两个需求都放在这儿,这时候我们看我们的期待、我们的目标就没有那么不一致了。

一对一的特别时光

我热爱我的工作,它总能让我遇到有趣的灵魂;我爱我的孩子,他们能让我更清楚地看到自己。

这周让自己彻底静下来,专注写作,几乎没有看过手机,认真地把自己过去积累的文字做了一个整理。

最大的感悟是文字是有力量的,文字是最客观的记录,以现在的时间点为原点倒推回去,看过去一年甚至是两年前的文字,突然觉得特别有感触,感受到一句特别深刻的话"做时间的朋友"。我有好几个朋友都发私信给我,说一周没有看见我更新朋友圈,连视频号也没有更新,担心我是不是出了什么事儿了?

笑称以前一天都要发好几条朋友圈,现在这么长时间不更新,一定是出了什么事。我很感恩原来有这么多朋友还默默地关心着自己,我也特别想用知识星球去作为沉淀。这次整理文字给我最大的感触是如果把写作当成是一个每日必做的功课,其实每天都在留出时间让自己去思考、去复盘、去总结、去不断地迭代，自己会更清晰地知道自己下一步应该怎么做，也希望通过这样的一个方式能够更好地把自己的成长沉淀下来。同时给到他人启发，这何尝不是一种利他的行为？

每个人都是自己人生的导演，剧本要怎么发展，生活要怎么过得更有创造性，完全在于我们的心。冥冥之中好像很多事情也都是注定的。只需要守住自己的本分，把当下的事情做好。

闭关后重新回归生活，感觉一切都很美好。周末陪儿子去参加篮球联赛，他特别热爱篮球这项运动，在场上拼命奔跑，自由穿梭。能感受到一个小小男子汉的担当，赛场上特别会组织进攻。这次我们是一家四口去现场给他加油，他特别兴奋，感受到全家人对他的爱。下午回到市区后带儿子去参加了一个活动，是一个爸爸的分享会。这个爸爸为了他的双胞胎孩子，做了19年的全职爸爸。讲了很多他的两个孩子在北美受教育的经历，也唤醒了我儿子的一些共鸣，想起他在加拿大那五年的一些有趣的事情。

我们做了一个很深度的交流，觉察到青春期的孩子很需要一对一的特别时光，所以以后我会多创造和儿子和女儿的单独的一对一的时光，会让他们感受到妈妈对他们专属的爱和关心。更能够走进他们的内心，去帮助他们解决目前所碰到的困惑。

周日是和女儿的一对一专属时光,上午一起去健身房运动。真心开心女儿开始主动要求跑步,她很早就预约了我周日的时间:"妈妈,你能周日上午陪我到健身房运动吗?"这学期体育算到了孩子们的总成绩中,女儿觉得她平时在体育上花的时间太少了,所以希望能够通过刻意练习让自己更轻松。

我今天先和女儿共情,告诉她我以前的想法跟她一模一样,以前我特别不喜欢运动,本来平时的时间就不够用了,觉得运动还要花掉1~2小时,而且自己也没有任何运动热情。后面发现一旦换了思维方式,最大的收获是开始运动之后,虽然运动只花了一个小时,但是让这一天剩下的23小时都极其专注和高效。所以相当于是投资1小时,换来了高质量的23个小时。

女儿觉得这是她想要的,所以决定每周末和我来健身,如果平时晚上作业不多,就和我晚上也来健身房,保证每周有3~5次的运动频率。周日下午女儿和我一起去南海会参加了红楼梦的香道品鉴,学习了清代用香最常见的炉瓶三式仪式,品鉴的是最好的香——百合香(通常是皇家御赐)。感受到《红楼梦》简直是一部中式生活百科全书。真心为我们的中国文化感到自豪。

暑期经常带孩子们去西西弗书店。他们写暑假作业，我读书。在读完《见识》《格局》《态度》后，读到了吴军老师的《富足》，不知道是不是因为刚刚经历了亲人的离去，对很多事情都有了新的领悟。开始重新审视工作、审视生活、审视教育、审视幸福、审视财富……

人所能改变的不是外界的各种因素，不是他人，能改变的只有自己。把自己塑造成不同的人，就会得到不同的命运。深入的思考，才能成就内外兼修，笃定富足的人生。我希望自己和孩子们都能把"内有智慧，外有方法，成为富足的人"作为一生的功课。

用问题回答问题 1

儿子:"妈妈,你陪我去酒店拿大白呗!"(儿子最喜欢的公仔,不小心遗留到酒店了)

我:"妈妈好奇,爸爸不是开车带你去酒店了吗?为什么你们俩没拿回来?"

儿子:"我不想说!"

我:"妈妈知道你现在特别想把大白拿回来,我感受到了。我知道你还在情绪中,你愿意过一会儿等你情绪平复了,再告诉我原因吗?"

儿子:"可以。"

我立马放下手上的事,陪儿子去酒店把大白取回来了。

儿子:"妈妈,我觉得你特别好,你是一个特别会帮助别人的人。"

我:"谢谢儿子的夸奖,妈妈现在可以问你原因了吗?"

儿子:"爸爸凶我,觉得我一直在看电话手表。他还说赶快赶快,到了酒店,他让我自己上楼去取。我有点害羞,不愿意上楼。"

我:"你有表达你希望爸爸陪你一起上去吗?"

儿子:"爸爸有说他要陪我一起去,但因为我在生气,没有说话。爸爸就开车回来了。"

我:"在这件事情上,你觉得如何可以做得更好?"

儿子:"我不应该不说话,当爸爸提出要陪我上楼去取时,我应该同意。这样就可以更迅速地拿回大白。不用妈妈再陪我跑一趟。"

我:"儿子,妈妈感受到你是一个特别能看到事情本质的人!而且会从自己身上找问题,这一点非常难得!"

儿子:"爸爸就老是推卸责任!"

我:"爸爸有没有优点值得你去欣赏呢?"

儿子:"爸爸要赶飞机,但依然愿意陪我去取大白,说明爸爸很重视我的感受。"

我:"在这个世界上,爸爸是最爱你的!没有之一,甚至超过了妈妈。爸爸有抑郁症,所以脾气有时候控制不了,你愿意包容他吗?"

儿子:"说实话,爸爸的脾气已经比之前好了太多!"

我:"这样吧,妈妈给你一次吐槽的机会,你说说爸爸身上有哪些可以更好的地方？"

儿子："那我就不客气了！"

儿子一口气说了11条，我都惊呆了！他透过现象看本质的能力太强了！

爸爸可以更好的地方：

（1）推卸责任

（2）不遵守承诺

（3）低情商

（4）大吼大叫

（5）不在自己身上找问题

（6）爱抱怨

（7）负能量

（8）爱威胁别人

（9）双面人

（10）爱骗人

（11）3分钟热度（爱买东西，而且用一段时间就不用了）

后面我巧妙地和先生进行了沟通，先跟后带，先夸了他，后面提出了儿子对他的期待。他也愉快地接受了儿子对他的评价。

这件事情后我真的非常的喜悦，我觉得我们现在家庭不惧怕冲突，反而冲突是来成就我们去发现彼此的问题，看到对方没被满足的需求,更好地进行家庭成员之间的有效的沟通。

孩子就是我们最好的镜子。很开心,我们夫妻都走在了成为更好父母的路上!

用问题回答问题 2

先生为了带孩子们游泳,周末在酒店又升级了一个套房。女儿想自己在家,不愿住酒店,我们尊重她的决定。我晚班机回深圳之后,回家陪女儿。先生第二天来接我们一起早餐。

女儿:"妈妈,我可以不去酒店用早餐吗?"

我:"妈妈好奇你是想在家睡懒觉吗?"

女儿:"今天作业很多,我想在家做一天作业。"

我:"我女儿是一个在学习上有态度的孩子,从来不让爸爸妈妈操心。你觉得爸爸妈妈为什么想让你和我们一起到酒店早餐呢?"

女儿:"酒店的早餐丰富,还可以一家人一起用早餐。"

我:"我女儿总能透过现象看本质!完全get到我们的用心。你任何时候都有选择的权利,你觉得我们可以为你做什么?"

女儿:"你可以帮我打包吗?我们中午再一起用餐。"

我:"尊重你的决定,妈妈也允许你今天睡个懒觉哈,平时你都6：30起床，还主动做一家人的早餐。妈妈真的很感动。女儿长大了！有你这个女儿，妈妈真为你感到骄傲。"

女儿继续睡觉，我和先生、儿子一起在酒店用早餐了。先生把早餐给女儿送回去，听说女儿一脸幸福的表情。一家人其乐融融最重要！

用问题回答问题 3

昨晚带儿子去参加读书会,共修《业力管理》中的四步骤。

儿子:"妈妈,什么是种种子?"

我:"你觉得种西瓜会不会收获葡萄?"

儿子:"种瓜得瓜的意思就是想要收获什么,先要种下什么对吗?"

我:"哇,儿子悟性太高了!我看你最后冥想的时候好认真,你是怎么做到的?"

儿子:"我感觉最后是精华中的精华!大家静下心来,闭上眼睛,主理人带着我们把昨晚共修的两小时的知识点在冥想的过程中做了有效的总结和提炼。让我们在放松的状态里一下子就记住了。"

我:"妈妈发现你真的是带着高维智慧来到这个世界的,感恩老天爷把你送给我做儿子,来启迪妈妈的智慧。你一定可以达成你的梦想,成为一名对世界有贡献的元宇宙设计师!"

觉察到在提问的过程中注入欣赏，种下正向的心锚，给孩子信心和力量！

提问是最能激发一个孩子的学习内驱力的最重要的能力。我带着阳光妈妈闺蜜荟的小伙伴们练习提问 100 天，大家用打卡的方式来精进修学。所以我每天都在练习，用在和孩子们的相处中。再举一个女儿的例子。

有一天，闺蜜邀请我和女儿去看芭蕾。

女儿："妈妈，我作业太多了，我可以不去吗？"

我："妈妈尊重你的决定，但我好奇如果你的作业都做完了，你会去看芭蕾吗？"

女儿感觉我猜出了她的心思，笑着说："嘿嘿，不会。"

我："你们班有没有你觉得学习特别轻松的同学，她的爱好和兴趣还特别多？"

女儿："真的有，她也在美国学习和生活过一年，现在每周末都去赛艇，还拿奖的那种！"

我："你觉得拿奖会给她带来什么？"

女儿："成就感。她非常的自信！"

我："你觉得妈妈现在自信吗？算得上是一个会表达的人吗？"

女儿："你现在变得越来越自信了！我记得你刚回国时做

自我介绍都会发抖。"

我给她讲了自己从自卑到自信的改变故事。底层逻辑是对世界充满好奇,多尝试,多见美的事物,多和人交流。多看到自己的不足,在一项技能上死磕到底。

女儿:"妈妈,你为什么不去看芭蕾?"

我:"妈妈觉得陪伴你是最重要的,看芭蕾还有很多机会。我想和你一起晚餐,一起阅读。你订阅的英文的《国家地理》到了。"

女儿拼命用大拇指点赞,"妈妈真懂我,下次如果还有其他演出,我和你一起"。

觉察到不评判的重要性,之前的我会要求孩子一定要去,试着说服对方按照我的意愿去走,孩子感受到的是控制。亲和关系,是所有转化式对话的核心所在。转化式对话,可以使我们和孩子成为身心一致,目标明确的人,让孩子可以从内在的真实出发,去表达自己,安排自己的生活。

对于青春期的孩子,和他们的沟通一定不要强势,要让他们充分地拥有自主权。让他们自己来做决定,最好用的方式就是用提问去让他们思考,让他们去做选择。

PART 3

如何做好孩子的情绪教养

在大脑发育的重要时期,
给孩子情绪上的安全才是最重要的。

情绪教养最大，也最重要

青少年的变化，很大一个因素，来自于性生理的变化。他们体内性荷尔蒙的剧烈变化影响到他大脑的改组、身体的发育、认知的改变，以及情绪人格的发展。我在加拿大学习心理学课程时，我的心理学老师很喜欢把人类的情感模式比喻成浮在海面上的冰山。

我们自己意识可以察觉的部分，只是海面上那个冰山的一角；在那个冰山下面还有一大块，就是我们本能运作或内建情绪人格的部分，这是我们自己可能没有察觉或无法察觉的更大一块。情绪教养冰山下的那一块，值得中国父母重视！

在和家长们分享孩子的情绪教育的时候，我通常不太说这是"教孩子情绪管理"，我喜欢用情绪教养来谈它。因为教养是个长期的人格内建的历程，而情绪管理只是后来知识上可以去学的，很有限的那部分。

如果在孩子的情绪教导上，我们只做冰山上面情绪管理的那一块，却不去管冰山下情绪人格的那一块，你会发现情绪的教导效果非常有限。

比如说你是一个情绪人格很负面的人，可能会花大钱去上心理学课程，上的过程你会觉得太有道理了，我应该怎么怎么改善自己。然后在回家的路上，你就告诉自己说，好，等一下看到我先生，我要温柔，我要面带微笑，我要怎样怎样……

结果呢，回到家一打开门，看到先生又习惯性把袜子扔在地上，你就一把火上来，结果什么心理学课堂全都丢到海里去了。为什么会这样呢？我们总是知道，却做不到！因为如果知识的学习跟你原本的内建人格不一致的时候，你会发现那些学习其实很有限，效果也不好。所以，如果要教导孩子有良好的情绪，其实你要做的事情就是给他打好底子。

也就是说，如果孩子的情绪人格原本就被建立得非常健康、非常正面，那本能就本能，反射就反射，不管你什么情况下，我回应都很好啊、很正面啊！

可是如果孩子原本的情绪人格就很负面，有很多的伤害和破损，那你说我通过一些知识的学习来改善、来管理，其实就非常困难。内心有爱的孩子，情绪人格会很正向。"爱"这个东西，并不是吃饱了穿暖了才额外需要的，爱其实是人类要健全发展的一个非常基本的条件，当你把这个条件剥夺了之后，人类就没有办法正常发展了。

被爱的孩子更独立，对这个理论是我坚定不移相信的！很多父母可能认为孩子独立，就是在孩子小的时候，我就尽量不让他一直跟在我身边，我要训练他独立，最好早一点自己睡觉，早一点自己做事情。可是，事实上，依附研究给我们的结果是完全相反的，并不是那些早期跟父母脱离，跟父母疏离的孩子比较独立，反而是早年家庭温暖，跟父母有紧密情感联结的孩子，比较早独立。

我举一个例子，我们都带孩子去过游乐场，大家下次去可以观察一下，那种紧紧抓着父母，不肯放手不敢去玩的孩子，表示他的依附关系其实是很不安全的。已经可以放手的年龄，比如10岁的男孩，他就会抓着你的手不放，让你什么事都做不了。你不要以为孩子很爱你，孩子是在告诉你"你爱我不够，你给我爱的方式不对"。

而那种有安全依附的孩子，因为他确信父母不会离开他，所以我放手去玩一下没问题。当孩子心里有一个安全的确信，这种孩子就会比较早地展开探索行为，也比较早独立。相反地，那些在依附上不安全的孩子，就整天黏在爸爸妈妈身边，他们探索行为出现得晚，探索行为也比较少，就会直接影响他的智能发展。

不仅如此,像这些情感需求得不到满足的孩子,很可能会在将来的人生中,不断地在各种关系中,在各样成就的追逐中,去寻求那个心中始终没有被填满的空缺,他的外表和行为虽然独立了,但心理上却一直没有真正的独立。

所以,你如果希望孩子早一点在身心方面都能够真正成熟独立,其实你要给他爱的满足,而不是剥夺他爱的需要。如果有一天,你的孩子可以放手跟你说,"妈妈我去玩啰",你就会知道你做对了。

家庭的温暖对孩子的大脑发育最重要。我在做公益分享时,都会语重心长地对父母们说一句话:"千万不要用暴力对待孩子!"不要大吼大叫,不要打孩子! 0~6岁是大脑发展最快速的时期,当孩子脑部快速发育的时候,这些受虐的孩童因为受虐过程中情绪上承受过高的压力,促使他的大脑里面分泌出过高的压力荷尔蒙,这就是我们常说的皮质醇。

这种压力荷尔蒙过量地分泌导致了孩子快速发育中的脑袋受到了严重的损伤,因而重创了他的注意力和学习能力。所以,有些父母会认为孩子不打不成器,我一定要严格要求孩子,但事实上研究的证据却告诉我们,为了学习而逼迫孩子是完全不科学的做法。在大脑发育的重要时期,给孩子情绪上的安全才是最重要的。

而后续的研究更重要的发现是，孩子自己根本不必受虐，光是"长期目睹父母家暴"，意思就是孩子本身并没有受到任何损伤，但是父母长期感情不好，整天在家里吵架打架，这种家庭气氛很差的孩子，大脑也会出现类似的创伤形态。

所以，我常常对我的个案们说，如果你真的爱你的孩子，你这辈子可以给孩子第一个而且是最重要的一个礼物，不是拼命送他去上培训班或送去做潜能开发，而是要先给他一对相爱的父母，给孩子一个温暖的家庭。

如果你和你的另一半感情不好，让孩子长期处于高压的、不愉快的家庭中，其实你就直接在给孩子的脑袋造成创伤，那所有的学习就都不用谈了。

我也常常对我们阳光妈妈闺蜜荟的姐妹们说："如果你希望孩子有一个好的发展，你要做的第一件事情是，好好去爱你的另一半，给你的孩子一个健康温暖的家庭，因为童年时期的经历就在建构孩子的大脑回路，建构他的情绪人格。"

冰山下的那一块，情绪人格的建构，其实就在孩子的童年里，就在你身为父母的手中。这是情绪教养最大，也是最重要的前提。各位父母，我们一起加油吧！

青春期孩子的情绪管理

对于青春期的孩子,很多家长都是焦头烂额。觉得完全没办法沟通!孩子一点就炸,不知道他哪来那么多的情绪!作为父母,你要做的事情不是去跟孩子生气,而是去了解孩子的情绪到底是怎么回事,一方面去提升自己理解孩子情绪的能力,另一方面也教会孩子情绪表达的能力,这样才能根据孩子的需要真正地去帮助他。

在我辅导的青春期个案里,会发生几个很普遍的现象,很多孩子都会说,"我去补习班就是去听课的,里面的同学都是过客,我没有必要和他们建立关系"。和长辈们经常会有冲突,比如我的个案会说:"奶奶做的菜,我不是很喜欢吃。但不吃,奶奶又很生气,我感觉很委屈。"

解决方案围绕着两个核心:一是促进孩子对各种人际关系的理解,二是提高孩子的情绪管理能力。

其一，促进孩子对人际关系的理解

现在的孩子比我们80后、70后这一代普遍生活条件更好，资源更多，也更聪明。但与此同时，某种程度上来讲，你会觉得现在的孩子有一种"聪明有余、快乐不足"的感觉。

主要是很多孩子其实不是很懂得怎么跟自己相处、怎么跟别人相处，然后对人的尊重、理解、同情心、同理心都稍差了点。

在我辅导的家庭里，尤其是那种父母教育程度比较高、从小就很细心栽培孩子的那种家庭，这种状况会比较严重。通常家里就一个孩子，或者老大已经读大学或上班了，老二还在青春期。所以，大家处处为她想，关心她的一举一动，只要她一个眼神、一个动作，父母、爷爷奶奶、外公外婆就立刻响应。

这反而让孩子不用去管别人的感受、不用学习如何去跟别人相处。结果，她对人的敏感度因此就变迟钝了。孩子原本该有的良善的、温柔的、体贴的心，反而就不知道跑到哪里去了。

我的每次辅导，会带着孩子们去讨论很多人际关系，帮助她们在潜意识中转念。从"身边的人都不希望我好"到"我的人生，我自己可以掌控。我做好自己，只吸引同频善良的人"。人和人之间的关系很微妙，其实需要一些小事去体会。

我辅导的一个14岁的女孩告诉我说:"洋洋姐姐,我最喜欢妈妈了。虽然妈妈常常跟我说,快点起床,别赖床了。但是啊,如果妈妈那时候不要这样子说,妈妈能够紧紧地抱着我,温柔地说,早上好啊,我就会更喜欢妈妈了。"

你看,孩子在表达她的诉求,她很喜欢妈妈,可是妈妈其实做了一个让她不开心的事。可是,她还是知道"妈妈很爱我啊"。但是,妈妈,如果你用一个更温柔、更好的方式,她会更爱妈妈。我作为一个桥梁,在妈妈和孩子之间架起了一个让彼此更理解对方的机会之桥。

同样的话语,用在任何的生活场景也非常适用。比如"我啊,最喜欢妈妈了。虽然呢,妈妈会跟我说,赶快去刷牙,但是啊,如果妈妈能够笑笑地对我说,牙刷干净之后,就会变得神清气爽喔!我啊,就会更喜欢妈妈了。"

妈妈正向积极的语言模式,对孩子好习惯的推动,是至关重要的。

其二,提高孩子的情绪管理能力

这不仅仅是对孩子们来说是非常重要的功课,而且研究发现,我们中国父母很爱做道德教诲,但比较少地关注孩子的情绪感受和表达。这就导致很多孩子并不能很好地认识和管理自己的情绪,以至于上了学就是没办法跟自己、跟他人相处。这是很基础,也很重要的部分,值得所有中国的父母重视。

情绪发展有三个层面,包括情绪的表达、情绪的理解和情绪的调节,也就是什么场景会导致这个情绪,这个情绪有什么反应,最后是当你有这个情绪的时候,你要怎么去做调节。我把这套方法论用在了辅导青春期孩子的践行上。结合孩子亲身经历过的事情和有过的情绪,去跟他们探讨解决方案。

比如说,作为家长,你可以多问问孩子:"你最近有没有难过的时候啊?是因为什么呢?你当时是怎么做的呢?以后再难过的时候,你还可以怎么做呢?"等等。像这样的对谈,会非常有利于帮助孩子认识和管理自己的情绪。

现如今很多人在成长过程中,到了后来遇到的最大困扰不是事,而是人。所以,如果孩子小的时候,就能对人际关系和情绪有很好的理解和学习,学会怎样和人相处,去同理、去协商、去找出解决办法,对孩子来说,会受益终身。

妈妈的焦虑会影响孩子

当一个人在她的世界中感觉到某种威胁而失去安全感,而对此又感到无能为力的时候,焦虑就产生了。我曾经辅导过一个妈妈,她送孩子去各种补习班,不惜一切代价让自己的孩子和学霸做朋友。后面我帮她催眠,让她有机会在潜意识中看到,自己小时候因为没有条件读书,让她非常痛苦。所以她一定要给孩子创造最好的条件,让孩子成绩变好,弥补自己小时候不能读书的痛苦。

焦虑的背后一定是某种恐惧。但是焦虑和恐惧又不完全是一回事。在恐惧的情况下,危险是看得见的、客观的,而焦虑,往往是人们对不确定的事情的担忧,而且焦虑的状态下,人往往会武断地作出消极判断。

举个例子:我们都希望自己的孩子成绩很好,背后是恐惧;我们担心他们如果成绩不好,将来就没办法上一个好大学,如果上不了一个好大学,他们将来就没有好的工作收入,养不活自己，说不定还会啃老。这时候父母就会陷入焦虑。如果说恐惧是一个人面对现实的危险的正常反应，焦虑就是面对潜在的，甚至是想象中的危险的过度反应。

所以，我们需要记住两点：

第一，焦虑背后一定是恐惧。

第二，焦虑是我们对还没有发生的事情的负面想象。

理解这两点，是我们理解焦虑的基础。所以心理学有个"合理情绪疗法"，也叫 ABC 疗法。A 代表正在经历和发生的事情，B 代表一个人的观念和想法，C 代表一个人的感受和行为。A 和 B 加起来，才导致了 C。我们无法选择 A，要想让 C 有改变，唯一可能去改变的就是 B，也就是观念和想法。

焦虑本身不是坏事，就像每个人身体里面都有压力荷尔蒙皮质醇，皮质醇如果太多，你会因为压力太大而迅速衰老，如果没有呢，你早上可能就不能正常地起床。所以焦虑，只要它在合理范围里面，只要它不影响到日常工作生活与交流，没有导致障碍性的行为，是没有什么问题的。

我们经常说的情商，很大一部分就是我们认知和处理自己的情绪的能力。这时候，焦虑情绪管理，反而能够成为你自我探索、自我突破的一个切入点。

第一，你的焦虑，是需要你去翻译的信息。

第二,焦虑是一个动态的综合变量,我们可以用一个等式来形容焦虑:递增的焦虑情绪=递增的环境刺激+递减的焦虑免疫力。

如果你近期发现自己越来越焦虑了,也就是你的焦虑情绪在递增,那一定跟两个因素有关,一个就是你的环境刺激在增加,一个就是你的免疫力在递减。看到这两个因素,然后我们再去识别到底发生了什么,作为父母,在面对孩子不认真学习时,我们应该怎么办呢?

举个例子,我女儿被学校选上去参加全市的英文演讲,因为准备的时间很短,我女儿就感到很焦虑,当时我问了她几个问题:这个焦虑情绪的背后是什么?是担心自己讲得不好没面子?还是害怕听众没有超出预期的收获?

当我去问她的时候,会发现,答案本身就给出了行动方案。它会告诉女儿,她还可以做什么。

如果经常在心理暗示自己"我很焦虑",这种暗示会让孩子更焦虑,他们原来可能还只是为某些事情焦虑,而现在他们在为自己的焦虑状态而焦虑。正确的方法是,我们要经常鼓励我们的孩子,用正向的表达来催眠自己:"我已经全力以赴了,我无愧于自己的努力。如果结果依旧不好,我也能接受。继续努力,我永远相信自己可以更好!"

还可以带着孩子去觉察自己当下的状态："我在为什么事情而担心？我害怕什么事情的发生？信息被这样"翻译"出来，本身就是一种情绪的释放。

所以当我们的孩子焦虑的时候，我们可以带着她去问问自己：

"我是怎么想的？"

"眼前的事情哪些是客观发生的？哪些是我的观点和信念？"

"我的观点和信念一定正确吗？它们是真的吗"

"换一个想法情况会不会有改变？"

我们不需要像哲学家那样把生命参透，但我们可以去了解自己的焦虑到底是怎么发生的。每日觉察，是每个人的功课，因为觉察本身就是一种疗愈。我们的孩子就是最棒的哲学家，他们是带着高维智慧来到这个世界的。多和他们聊聊天儿，你会放下焦虑，收获豁达和从容的生命观。

好妈妈一定要拥抱积极心理学

我回国后,特别喜欢看彭凯平教授的视频,他是积极心理学的实践者和推广者。他在不遗余力地传播积极心理学对大众生活的影响。有人说,积极心理学研究幸福,有啥用,不就是鸡汤吗?还有人说,积极心理学这门学科这么新,能靠谱吗?

这些误区,其实来自大家对这门学科的不了解。事实上,积极心理学不只是对幸福的夸夸其谈,它背后隐藏着一个更重要的问题,跟我们每个人都息息相关,那就是,一个人到底能不能自主决定自己的一生?

对于这个问题,积极心理学的答案很明确:可以!而一代一代学者努力的目标,就是让每个人都相信:我也可以!

我以前会特别羡慕那些含着金汤匙出生的孩子,觉得这个世界特别不公平。为什么有的家庭还需要考虑温饱,考虑生存问题,没有钱供孩子读书;而有的家庭,司机、保姆是标配,孩子上的兴趣班全是一对一的私教,马术课、高尔夫课都是6

位数以上的投入。这是普通家庭望而却步的教育投资。

但人并不是只能被动地被环境所塑造,而是可以也应该由人自己来决定。用咱们中国人的话说:"取法乎上,得乎其中;取法乎中,得乎其下。"马斯洛认为,整天去研究犯罪分子,最多也就是震慑人们不犯罪,只有去研究那些活得积极的人,才能帮更多人过上更积极的人生。

我在2022年,用一整年的时间采访了100位智慧父母,好奇这些把孩子培养得很优秀的父母,教育规划背后的底层逻辑是否一致?结果让人欣喜,答案是肯定的,智慧父母们都很看重孩子身心健康的培养。培养积极阳光、自信美好、幸福快乐的孩子,是智慧父母们培养孩子的目标。

人称"幸福博士"的爱德华·迪纳,是世界上第一个用科学方法系统研究幸福的心理学家。他撞上了思想偏见。当时学界普遍认为,研究苦难、疾病才更高尚、更深刻,积极、幸福,那是心灵鸡汤啊,太浅薄了。

心理学界有一个幸福公式:

幸福 = 积极情绪 + 投入 + 意义

积极情绪就是感觉快乐、开心,投入就是在一件事上获得心流,以及如何觉得人生有意义……简单来说,这一时期的积极心理学,研究的是如何让人获得主观上的幸福,如何感觉更好。

今天绝大多数人对积极心理学的了解，也都停留在这个阶段。

心理学界有个 2.0 公式：

蓬勃人生 = 积极情绪 + 投入 + 人际关爱 + 意义 + 成就

比起幸福公式的 1.0 版本，还多了两点，就是"人际关爱"和"成就"，这就不仅只是你自我感觉良好就行，必须要付出努力去争取了。

如今积极心理学的发展，已经远远超出了大家的预期，成为了心理学里的一门显学。它的研究对象全面开花，比如积极情绪、投入、自主、正念、成长型思维等，还和认知科学、脑科学等学科有了广泛的跨领域交叉。它的研究结果越来越坚定地指向这三点：

第一，人有变得更加积极的天性和能力，只要你做出选择和行动，就可以拥有更美好的人生。

第二，已经出现了一大批经过实证研究检验的可靠方法，帮助我们变得更加积极。

第三，通往积极人生的道路不止一条，每个人都可以选到最适合自己的积极心理方案。

人有积极的天性，可以自主。随后的半个世纪，时代告诉人们：对不起，时代不允许你自主。再到 1998 年，塞利格曼说：积极心理学的时代来临了！到现在，心理学界已经在昭示人们：

其实你比你想象的还可以更自主！你可以决定你的一生。

当我们拥抱积极心理学，我们每一天的生命质量是完全不同的。把热爱、擅长和机会融入自己生活的每一天，用心做个好妈妈，同时成为更好的自己！

在我们的阳光妈妈闺蜜荟中，妈妈们至少要做到两点：

其一，妈妈们了解科学、严谨的激发内驱力的心理学知识，把握住积极心理学的脉络。习得适合自家孩子的激发内驱力的解决方案，从知道到做到。

其二，陪伴妈妈们，每年突破一个关键能力。收获读书、运动、静坐、写作、共创的美好生活方式。

作为阳光妈妈闺蜜荟的一员，我是要求妈妈们学习的，一年的学习分为理论篇、认知篇和行动篇三个模块。

理论篇，我会为妈妈们讲清楚积极心理学这门学科的底层逻辑。虽然有那么多知识点，但你只要抓住两个关键点：自主和行动，就可以把整个学科的知识点串清楚。

认知篇，我会给妈妈们讲述理解积极心理学，必须掌握的10个认知，那就是幸福、情绪、情感、自主、成长型思维、品格优势、心流、人际关爱、价值观和人生意义。

有了底层逻辑和认知打底，我们就可以进入第三模块：行动篇。我们会具体讨论激发内驱力的方法，如何应对焦虑、消沉、暴躁、半途而废这些心理难题，也会讨论如何让孩子自主学习，如何用"自我催眠"对孩子进行心理暗示。

通过一年的实践和收集真实用户的反馈，我们还设计了20多个专门设计的"积极小行动"环节，我们阳光妈妈闺蜜荟是给了妈妈们一个行动的武器库，妈妈们除了知道这个武器库的存在、知道里面有哪些武器，最重要的是亲自打开库门，拿出武器操练。只有行动才会带来改变！

当年我在加拿大，是带着两个问题去学催眠和积极心理学的：我要如何获得幸福？我的人生意义在哪里？这让我学习时更加有目标感。

我知道，你的问题或许是：你希望从消极的状态中重新振作起来？你希望找到自己前进的动力？你希望用积极心理学去激励别人？这些状态我都经历过，在研究、应用催眠和积极心理学的路上，我也遇到过无数次消沉、失望、想放弃的时刻，但最后我都从催眠和积极心理学中找到了方法，支持我继续坚持下去。

自己淋过雨后就想给别人撑把伞！如果你也是一位持续探索生命的妈妈，你愿不愿意给自己一次改变的机会？期待你和我一起踏上自主行动之路。

妈妈的平和与喜悦

对我们影响很大的一种环境，是信息环境，现代人的焦虑感，很大一部分并非来自什么实际的威胁，而是各种信息不间断地输入引发的心理失衡和思维失序。我们被大量的信息裹挟，但面对这样的信息环境，我们其实是可以管理的。

我会给我的个案们出的一个方案就是，跟手机协调三个时间出来。

1. 断网时间

这个时间是彻底不看手机的，专注地做那些重要的、不宜被打扰的事情。你可以根据自己的工作性质和作息习惯，每天找到适合自己的断网时间。比如我自己，早上就是我的断网时间，我会早起跑步、写作、冥想。当这三件事情做完，我感觉我剩下的时间都是赚到的。一天的工作效率会变得特别高，我在给客户催眠时，也是高度集中的，不被任何外界的信息打扰。

2. 回放时间

断网时间结束的时候，休息一会，然后拿起手机检查一下有没有遗漏一些重要的信息，这个集中处理的时间就是回放时间。这段时间里你可以更加集中和专注地接收和处理信息，给出必要的回复。

当然，面对单独找你的信息也可以很友好地回复一句，"刚才在做咨询，抱歉刚看到"。让别人知道你的时间节奏。熟悉我的朋友都知道，我回复信息特别慢，但我看到后，会第一时间回复对方。对方也特别尊重我的作息时间。

3. 直播时间

手机在工作生活中确实是一个很难分离的工具，有些重要的事情还是需要在现场的，比如需要即时反馈的在线会议等，这就是我们说的直播时间。

这个时间需要注意，一是控制时长，二是利用一些沟通方法让沟通更有目的和给出更有效的反馈。周二的早会和团队的不定期复盘，就是我特别重视的直播时间。

焦虑的对面是稳定感、秩序感，虽然现实里我们没法奢望一切是稳定有序的，但是我们可以通过一些方法，打造内心的稳定和秩序感，这种内心的稳定和秩序感，就是抵抗焦虑的力量。具体怎么做呢？我想重点分享两个建立秩序感的方式。

一个是建立思维的秩序感。

一个是给自己找一件雷打不动的事情去做。

我们先来说建立思维的秩序感。当一个人在焦虑的时候，思想的状态其实是瞻前顾后、患得患失的。这里分享一条我特别喜欢并一直在践行的心法——想到就去做，做的时候就不要再犹豫。

对于焦虑的父母来说，这一条同样适用。比如当你确认自己的育儿理念就是身心健康放第一位，那么就不去和别的孩子比成绩、比名校，否则让自己和孩子经常处于情绪波动的状态，最后不仅学习成绩没上去，你重视的身心健康也打了水漂！

焦虑是因为想得太多，做得太少！要想有思维上的秩序感就一定要问清楚自己到底要什么？很多人焦虑是因为什么都想要，然后左右徘徊不定。

对于这一点，我还有一个心法，就是不要把生命看作是对比，而是把它看成对赌。你选择A，就坚持到底，不要同时又去考虑B，去赌A能拿到最后的结果。真正愿赌服输的人是不焦虑、不纠结的，因为他们的想法很确定。而且很多人最后的成功也不是因为他们的想法比别人的更对、更高明，而是他把自己的想法坚持下来了，最终才能真正拿到结果！

另一个帮你提升焦虑免疫力的方法就是，在你的生活里找一件雷打不动的事情去做。你可以试着想一下自己的生活，除了吃饭睡觉外，有没有什么事是持续每天都要做的呢？

比如我习惯每天早起运动，因为阳气升腾会提升能量；每天运动完冥想，与宇宙链接，会生发很多灵感，解开自己很多疑惑；每天睡前读 30~50 分钟喜欢的书籍，之后慢慢入睡。

另外，我每周二晚上跳舞，每周日晚上合唱。通过给自己设定固定时间的固定活动，可以增强对生活的掌控感。即便你发现你大多数的时间和事情不由你来决定，但在这件事上是你自己说了算的，它同时也能给你的生活带来一种节奏感、稳定感。

小结一下，我们从减少环境刺激和提高焦虑免疫力两个方面，来规划和调整你的生活，让自己过渡到一个更加平和喜悦的状态。

我分享一个自己走出焦虑情绪的故事。记得有一次吃完晚餐后我在洗碗，一个碗洗了三次才洗干净，我突然意识到，这里面有点不对劲。这么简单的事，我为什么做成这样子？于是，我放松下来，试着去体会，到底是什么东西影响着我，让我不能好好洗碗。

很快地，我捕捉到自己心中的一股怨气。我在洗碗的时候，似乎在对着一个人抱怨。觉得为什么是我在洗碗。我先生也可以洗啊！儿子、女儿也都是青春期的孩子了，完全可以来洗碗啊！为什么是我？

这种抱怨声似乎很微弱，如果不仔细觉察，真是听不到。明白了这一点后，我继续去捕捉这种细微的怨气，不评价、不判断，只是去体会，让这股怨气和围绕着它的一切东西流动。突然，有那么一刻，我的怨气彻底消失了，我全然沉浸到洗碗中，这时我感觉到水流流过手的感觉舒服极了，即便用手轻抹餐具上饭渣的感觉，都是完全的美好。

这种状态持续了大概几秒钟，感觉非常美好，体会到什么是真正意义上的活在当下——你做什么就做什么，彻底全然地投入其中。

从此以后，我对自己有了更多觉察。我发现随便到任何一个场合，我第一时间都会不自觉地做一个工作：批判一切事物和人。我会觉得他们本来的样子是不对的，他们应该按照我的头脑对他们的想象而行动。

这是痛苦的重要原因，甚至是根本原因。我们的头脑，试图想象别人该如何如何，但当别人和我们的想象不符合时，我们就有了情绪痛苦产生，而情绪痛苦累积多了，就会变成身体痛苦，痛苦之身由此形成。而它形成的源头，正是我们对自己想法的自恋。我们越是自恋，越是对自己的想法执着，特别是对我们关于别人该如何的想法执着，很容易导致巨大的痛苦，甚至是疯狂。

所以，应对焦虑情绪的关键就是不要对他人有期待，将这种对他人的期待转向对自己的期待。付出的人从来不焦虑，带着喜悦去奉献。焦点向外，从小我中跳脱出来，会收获正向情绪，一起心向阳光，喜悦绽放！

一个青春期孩子的蜕变计划

在与孩子相处的过程中,耐心倾听并察觉孩子的心声并不容易,尤其是处于青春期的孩子,只要稍微感觉不对劲儿,就要紧闭双唇。

我有这样一个青春期孩子的个案。在催眠状态里特别流淌,哭了好几次。我们咨询+催眠,全程进行了两个半小时。我也被个案 Y 心底的善良和温暖所打动。对于 Y 的情况,我做了一个 108 天的陪伴计划。

通过前期十几次的催眠+心理辅导,可以看出 Y 面临着一系列的心理问题,包括进食障碍、心境障碍和焦虑障碍。这些问题与家庭环境和个人经历有关,尤其是父母关系紧张、频繁换学校、父亲的外遇以及被家人伤害和背叛的经历。

针对 Y 的情况,我制订一个为期 108 天的改进计划,计划分为三个阶段。下面是一个 1.0 版本的示例(之后根据每周的实际落地的复盘和总结,再做进一步的调整)。

第一阶段（1~36天）：建立安全感和自我价值感。

催眠阶段：使用催眠技术帮助Y放松心境，建立自我安全感，并减少不安全感和失望感的情绪。在催眠中植入正确的概念，例如自我接纳、自尊和自信。在催眠状态中她有极强的不安全感。她的信念是，现在绝对不会相信任何人，不会和任何人有感情，除了她妈妈。

认知行为治疗：结合行为认知心理学的原理，帮助Y认识到自己的优点和价值，并学会积极应对负面思维，进行自我反思和记录，并与她分享正面的成就和进展。（在催眠中，她的信念是她觉得身边的人都不希望自己好，她小时候被奶奶和姑姑伤害和背叛。那种失望感是非常强烈的，现在不敢对任何人期望太高。因为她失望了太多次，对她爸爸也是如此。感觉什么都会变，连她的爸爸都会变。唯一不变的只有妈妈。）

情感支持：通过提供情感支持和理解，帮助Y建立更安全的关系，并在她面临挑战和困难时给予鼓励和支持。（她在催眠中提到现在特别懂得保护自己，不能让别人伤害到自己。）

第二阶段（37~72天）：克服进食障碍和焦虑。

催眠阶段：使用催眠技术来探索进食障碍的根源，并帮助她改变暴食的习惯。植入正确的饮食观念，培养健康的饮食习惯。

行为改变：制订每日健康饮食计划，包括适量的饮食和定期的运动。提供营养和健康饮食方面的咨询，并鼓励她坚持。（目前为了6月底的电影，她保持低糖低盐，一周练习6次，周一休息，我们约定每周一的下午4:30做辅导。）

第三阶段（73~108天）：建立健康生活习惯。

健康生活习惯：为她制订每日健身计划，包括有氧运动和力量训练。建议她参加适合她兴趣的运动项目，如骑马或高尔夫，以增强身体健康和减少焦虑。

持续支持：在整个改进计划期间，持续提供催眠和心理咨询的支持。定期进行评估和回顾，检查她的进展和遇到的困难，并进行必要的调整和反馈。

此外，为了支持Y的改进计划，改变拖延的习惯，要与她的妈妈保持沟通，解释Y的进展情况和计划，并鼓励家人为Y提供理解和支持。家人的参与可以为她提供额外的支持和鼓励。

这只是一个1.0版本的成长计划，具体的计划和方法可能需要根据Y的个人情况和反应进行调整。以确保制订的计划和催眠技术适合Y的需求和情况。帮助Y实现轻盈自在、元气满满的喜悦状态。

PART 4

孩子成长中的挫折与阻碍

当我们做妈妈的情绪稳定,
充分相信和支持孩子时,
我们的孩子才会真正有内驱力。

孩子有网瘾了怎么办

上网、玩游戏都挺常见的,不光孩子玩,大人也爱玩,那怎么辨别孩子是"网瘾"?主要有五个显著的症状。

1. 优先性

孩子把游戏当成生命中最重要的事,一玩起游戏来,茶不思、饭不想、觉不睡,这时候你要让他干点别的,那是几头牛都拉不动。

2. 心境改变

只要玩游戏,就会有一种无忧无虑的满足感。但是去干其他事儿,比如打球或者逛街,就没有这种感觉,甚至提不起兴趣,懒得参与。

3. 耐受性

最早玩一个小时游戏就能很快乐,但是这种快乐会递减,需要不断地增加游戏时间来维持满足感,甚至通宵玩游戏都不累。

4. 戒断症状

如果有什么事影响一个孩子，这段时间不能够玩游戏了，你会发现他有些心不在焉，甚至百爪挠心的感觉，像热锅上的蚂蚁一样。

5. 损害性

由于游戏挤占了孩子大部分的时间，于是在其他方面影响了孩子的生活，比如跟父母冲突不断、跟同伴渐行渐远、学业恶化、放弃其他兴趣，等等。

为什么青春期的孩子们会上网成瘾呢？答案是大脑的多巴胺系统出了问题。像毒品、酒精、赌博、性、进食，甚至锻炼，都能升高多巴胺的水平，让人感到愉悦。研究发现，像网游、网络赌博、网络购物等数字技术，也会刺激多巴胺分泌，从而让人上瘾。

1. 身心不健康的孩子容易成瘾

青少年的心智原本就没有成熟，如果再患有抑郁、焦虑、进食障碍等心身疾病，就更容易到网络里来躲避痛苦。在我这里做辅导的青春期孩子，都是两种或者多种病症并发的，比如抑郁+焦虑+网瘾。

2. 自我调控能力有缺陷的孩子更容易网络成瘾

所谓的自我调控，是指由自我觉察、自我判断和自我回应三部分组成的行为模式。就是说，一个人清楚地知道自己在干什么，后果是什么，是否符合自己的价值观，如果不符合的话会怎么调整自己的行为。这种自我调控能力的养成，它有先天的基础，也有后天的学习。

打个比方，一个孩子在网络游戏进行当中要超时了，如果继续呢，就会影响完成作业和休息，造成第二天上学困难，这不符合他作为一个学生的目标。如果调控能力好的，就会选择关掉游戏，起身换到另外一个桌子上去做作业。

有的孩子，是自我调控机制先天基础的部分不太好，容易兴奋；有的孩子，可能受后天因素的影响，比如抑郁、焦虑、养育环境的影响等，不愿去体察自己的处境、行为后果。表现出来就是，不顾自己行为的危害，也不主动做调整，于是沉溺在网络里无法自拔。

3. 家庭环境的影响

缺爱和高压，是家庭环境里的两大风险。在缺爱的家庭里，父母冲突不断，吵架、冷暴力，甚至是暴力行为会造成家庭气氛紧张、关系破裂，非常容易助长孩子的网络成瘾行为。因为在这样的环境下，网络还算是一片净土，能起到回避痛苦，寻求安慰的作用。我有一个青春期个案，向我哭诉："我们家天天上演世界大战，我在游戏里感受到安全和自在。"

而高压的家庭里，父母都有"望子成龙"的一颗心，把孩子的学习压力从校内延展到校外，各种数学竞赛、英语演讲比赛。孩子的生活变得无聊和乏味。有句话说得特别好，"孩子在现实世界的压力有多大，在网络世界的快乐就有多大"。

其实预防远胜于治疗，预防才是解决之道。具体我们父母要怎么做呢？我分享给你四招。

1. 针对环境的训练

可以主动改变环境。比如，我们孩子的学习有明确规定——"不允许手机进校园"，这个规定就让网络成瘾的可能性降低了不少。所以在家里，你也可以给孩子立规矩，比如"手机不上床"。我的一个青春期个案，就是跟父母约定"睡觉时间把手机放客厅"，之后严格执行，咬牙改变了晚睡刷手机的习惯。

2. 针对自我觉察的训练

你可以督促孩子通过记行为日记的方式，来进行自我监测。网络游戏常常会让孩子们产生"心流现象"，玩起来时间飞逝，孩子常常有人间 1 小时，网上 5 分钟的感觉。这时候，他就失去了自我觉察的能力。所以，如果睡前记行为日记，回顾一下一天的日程，往往会让他们汗颜，"原来这一天我啥也没干"，这样也能激发他改变的动机。

3. 针对自我效能感的训练

通过给孩子及时的肯定，帮助孩子在减少网络使用行为中建立一种反向的效能感。比如，可以夸奖孩子已经做到的部分，"你今天减少了半个小时游戏时间，时间把控力成功提升了"。如果说上网让孩子产生了一种自我效能感，那么把控制网络使用，作为成功的标志，一样可以产生一种效能感。

4. 针对自我反应力的训练

可以把注意力放在网络使用之外的生活内容上，比如在作息、运动，其他兴趣爱好方面来下功夫。

如果我们父母能做到其中一到两招，孩子的"网瘾"早预防就会取得事半功倍的效果。希望我的建议能对你抚养青春期孩子有些启发。

智慧地干预孩子的网络行为

我的青春期个案中,很多孩子已经屏蔽了和父母的交流,"我妈让我窒息!""我爸就想控制我,承诺的事总做不到!"……这是我听得最多的抱怨。父母又担心孩子在网络中被骗,甚至是卷入危险的"杀人游戏"。

家长不要急着否定孩子的想法,而是试着理解他们的喜欢、梦想,甚至还可以提供力所能及的支持。更重要的是,让孩子自己去触碰现实,探索自己的局限性,这比任何说教都管用。所以,面对青春期的孩子,作为家长,更需要拿出耐心和智慧来纠偏,而不是一棒子打死,把孩子逼到墙角。

全天候地盯着孩子是不现实的,但是你可以重点把握几个关键的干预时机。

第一,开始给孩子使用网络和电子产品的权利时,就要进行一次正式的沟通。

这个是不需要因人而异的。不管是孩子提的要求、学校提的要求，还是你想奖励孩子给他个惊喜，都要正式谈一次。首先，恭喜他开始拥有这个权利，并且明确权利范围，也就是什么可以做，什么不可以做。同时，告诉他电子产品潜在的诱惑和危害，问问他怎么看待这个问题，又会怎么避免自己受到不良影响。最后告诉他，你会跟进评估他使用网络时的控制力。

通常情况下，这会是一次愉快的交流。孩子会在充满期盼和自信的喜悦下给出积极反馈，并接受你即将进行的监控。先有这样的一次"管"，后面能帮你省去很多麻烦。

第二，当你第一次发现，孩子使用网络和电子产品做了你不能接受的行为时，比如跟陌生人网聊、超时游戏、超支消费等。

孩子在做出这些行为的时候，通常都会遮遮掩掩，试图躲开你的监督。所以，当孩子的行为变得有些偷偷摸摸的时候，你往往能觉察到。但值得注意的是，如果当场撞上或者直接指责，孩子可能会变得恼羞成怒，这是常态的反应。这时候，你一定要稳住自己，我们有一个原则叫作"趁冷打铁"，不要在孩子和你自己的火头上交锋，而是在接下来的24小时内，找一个大家都平静下来的时间，和孩子正式谈一次。

把谈话内容聚焦在孩子所做的违规行为上，温和坚定地协商解决方案。记住，一定要有解决方案，它可以是之前就跟孩子约定好的,也可以是这次协商出来的,比如减少零花钱、限制网络使用时间等。之后要贯彻执行。

第三,孩子反复出现违约行为的时候。

这种状况的成因就有很多了,比如孩子自我调控力差,父母没有做到有效管理,或者说孩子正处在"反抗权威"的叛逆期里,也可能是孩子出现了其他身心疾病。在这个节点上,家长一定要先停下来反思问题的根源究竟是什么,考虑好了再去管,尽力避免自己的失控才是管理成功的关键。

第四,当你发现孩子做出了突破你心理底线的行为时,比如网络赌博、高额网贷、网络色情活动等。

这时的"管",需要当机立断,比如切断网络、收回电子产品、24小时监控、报案等。这些措施的目的是,迅速停止危险行为的继续,同时让孩子感到这是一件非常严重的事情。孩子在从事危险网络行为时,往往会关闭对危险的警觉和道德评判,这时晓之以理是没什么用的,父母需要用事实来让孩子"看到"和"感到"事情的严重性。

发现孩子自残怎么办

在我的青春期个案中,有一部分孩子是经常自残的孩子。自残,是一种严重的身心疾病,如果孩子每年有 5 次以上这样的行为,父母就应该高度重视,一定要及时找到你身边的专业心理咨询师,来探索解决方案。

人是趋利避害的动物,而"自伤"这种在一般人眼里是"害"的行为,在很多青少年眼里却是"利",能够获得"好处"。研究发现,自残的功能主要是减少或转移负面情绪,通过自我惩罚,来减轻麻木感。

比如,孩子们感到快被悲伤吞没的时候,他用身体的痛,代替心里的痛;被内疚和愤怒折磨的时候,他用身体的痛换来解脱;感受不到自我或快要失控的时候,用疼痛和鲜血来唤醒自己。也就是说,对于这些孩子来讲,这个行为是有用的,能让他们快速地减少一些自己无法忍受的感觉。

我的一个青春期个案告诉我:"当我看到血,根本没有疼痛的感觉，我唯一的感觉是，自己还活着。"哪些因素会诱导孩子有自残的想法？

1. 父母的精神和压力问题

无论父母是有精神问题，还是承受着巨大压力，都会影响他们在家里的表现，而家庭气氛的紧张压抑，会让自残成为孩子的情绪出口。所以，当很多父母在工作室里问我该怎么办的时候，我的第一个建议往往是"照顾好你自己"。我会教他们做情绪管理和压力应对，我也会建议他们去找到自己适合的心理咨询师。

2. 孩子的精神问题

这是自残行为发生的最重要的影响因素。自残行为常常是跟其他精神问题相伴存在的，其他问题会加剧自残行为的发生。所以，你一旦发现孩子自残，一定要检查孩子是否有其他精神问题在，要及时就医，发现有问题的话，必须要积极治疗。我的一些青春期个案，就同时存在重度抑郁的情况。必要时，还需要辅助药物。

3. 亲子冲突

在亲子冲突中，最容易发生的就是争夺控制权，孩子跟父母较量，看谁能赢过谁。而这时候，自残会成为孩子有力的武器。很多孩子跟父母起冲突时，拗不过父母，最后会演变成

"我虐我自己,看你怎么办"的情感勒索。遇到这种情况,父母一定要冷静,不要为了一时的占上风而忽略了孩子的情绪。

4. 霸凌和同伴的自残行为

同伴关系对于青少年的成长至关重要。而很多身心问题的发生,也都与同伴之间的学习模仿有关。所以,在这个阶段,父母应该学习跟孩子对话,了解孩子的语言,了解他们身边发生的"新鲜事",避免孩子被同伴带偏。

发育中的青少年的心智非常敏感,他们还不懂得如何正确释放自己的情绪,这就需要家长的正确教育和耐心指导,帮助孩子顺利完成青春期的自我探索和成长。

建立"新权威"轻松应对挑战

作为青少年心理重塑导师,同时也是两个青春期孩子的妈妈,我的观察和思考,希望能对你抚养青春期孩子,有些启发和正面影响。

家长面临的困难主要有三类,分别是:自己不行、环境不行、孩子不配合。

所谓自己不行,是指家长既缺方法又不能自控,很难正向引导孩子。环境不行,是指家长孤立无援,从周围的环境得不到足够的支持。孩子不配合,是指孩子不承认问题,不愿意做改变的尝试。对应的解决思路就是改善自己,搭建支持网络,促进孩子合作。整个过程我们把它叫作"建立新权威"的过程。

什么是新权威?我给大家讲一个我的青春期个案的故事。为了保护他们的隐私,我的分享都是化名,也经过了对方的授权,将故事分享出来。

我的一个青春期个案叫佳佳，17岁，长得很漂亮，学习很好。但常常莫名其妙地流泪，情绪时常很低落。有一次，她在家开空调，父母很反对，觉得天气不热，为什么要开空调？

佳佳就喜欢开着空调，盖厚被子。在佳佳心中，爸爸是"神坛之上"的人，说一不二，但感觉距离又很远，总是忙于公司事务；妈妈跟她则是事无巨细，无话不谈，什么都要过问。

佳佳开始疯狂地指控妈妈过度操控，不给自己自由，于是跟妈妈争吵、反抗。对爸爸呢，嘴上不说什么，但主动回避，不许爸爸靠近。爸爸的家长式作风，压制了佳佳的自我，而妈妈的过度保护则让佳佳失去了自我。佳佳父母的行为模式就是典型的"旧权威"。它强调的是权力和控制，"距离、惩罚和支配"是它的特征。具体表现就是把立规矩当作重点，把听话作为评估标准，目标是把孩子打造成父母心中的样子。在孩子进入自主意识爆发的阶段，这很难不起冲突。冲突过后，本来很有掌控感的父母可能就会突然发现，自己不行了。

无数次不许孩子开空调，她偏要对着干！相反的，也有很多类似的家长，在孩子有了身心问题之后，自省过去的强势，开始向孩子妥协，补偿式地满足孩子的各种需求。这样一来，家庭的话语权完全交给了青春期的孩子，家长小心翼翼，甚至委曲求全，又变成了"无权威"。

无权威的父母在经过一段时间的压抑后，委屈愤怒交织，又会爆发成对孩子的指责，变回旧权威的样子，引发新一轮的冲突。就这样循环往复，问题挥之不去。

那新权威是什么样子呢？"新权威"的概念，是从美国心理学家戴安娜·鲍姆林德的"权威型家长"模型里发展出来的。新权威理论强调的是力量和关爱，它的特征是"坚持、稳固和支持"。这跟旧权威很不一样。

新权威的根基是父母对职责的认同，这个职责包括两方面：做孩子的安全基地和锚。安全基地指的就是在情感上不仅提供温暖还给予支持，让孩子在困难的时候不仅得到休息还能加油。锚指的是规范孩子的行为，在他们探索世界的时候遵守规则，不跑偏。

咱们可以用动物来打个比方，在我看来，新权威的父母很像圣伯纳犬或者海豚。

圣伯纳犬可能很多人没见过，它长得憨憨的，是瑞士的国宝动物。它脖子下面会带上水桶和毯子，跟护林人巡山如果发现受困的人，毯子可以用来帮对方取暖，而水桶里的水用于救命。它有个特点，不会大叫，这样就不会引发雪崩，在救援方面是一把好手。这是新权威父母情感上的特点——稳固、支持。

海豚你应该熟悉，它们拯救落水者的特点是，绝不会用拉扯的方式，而是会陪伴你，在你没入水下的时候，它会顶你上来，更重要的是它会指引你陆地的方向。这是新权威父母行动上的特点——指引和适度给力。

我前段时间为了准备讲座，搜索了大量的资料，其中也包含我们父母需要避免的坑。动物模型的反应模式，恰恰是我们应该规避的大坑，它们分别是：水母式、鸵鸟式、斗犬式、犀牛式和袋鼠式。

我们知道，水母是透明的，它形容父母在感受到压力时，负面情绪都写在脸上的样子，像焦虑、悲伤、愤怒等。这样的反应带来的问题是，孩子可能会用更强烈的情绪来作为回应。比如晚归的孩子回到家看见妈妈一脸不高兴的样子，就可能会直接冲回自己的房间，把门重重摔上。

鸵鸟在遇到危险时会把头埋进沙子里。我们用鸵鸟来形容父母在面对孩子的问题时，否认或回避的反应。身心问题和青春期现象往往混在一起，让人迷惑，旧权威的父母会觉得这是孩子作妖，无权威的父母会感到无助，他们都可能有鸵鸟反应。然而父母的否认或回避，又会让孩子理解为"我不重要""他们不爱我"，而且还会有样学样，对问题采取"鸵鸟态度"。

斗犬是一种固执的动物，感受到威胁就会一直叫。它用来形容旧权威父母特别坚定地跟孩子做思想工作，想把孩子"规整好"。这种反应会让孩子感到持续被否定，只能以抗拒来应对。

犀牛是斗犬的升级版，它用来形容旧权威父母通过更强制的方式来解决孩子的问题。比如命令、批评，甚至用打骂来控制局面，这会直接引起青少年的逆反心理甚至模仿行为。研究发现，青少年所表现出来的很多不当行为，比如自残、酗酒、性行为等，跟父母的犀牛反应是相关的。而另一个极端是，有的孩子服从了，但从此却难以发展出自立和自尊了，会变得更加依赖。袋鼠象征着过度保护，指的是父母像照顾婴儿那样对待一个青少年，大包大揽，为孩子免除行为后果，比如频繁帮孩子请假、24小时车接车送、360度无死角照顾等。这样的方式，会让孩子没机会学习面对真实的挑战以及解决问题，无法承担责任。

想要树立新权威，我们作为父母，除了扛起职责外，还要努力规避以上这些坑。在这些动物模型里，不知道你是否能看到自己的影子。你也可以画一个圆，看看自己在这些动物模型里各占怎样的一个比例。其实完美的父母并不存在，如果你有 50% 以上类似于圣伯纳犬或者海豚,你就已经合格了。

孩子在变,家长当然也要变。大家能读到这里,证明你是非常关心孩子教育的父母,也是真心把焦点放在自己身上,想成为通过提升自己来影响孩子的新权威父母。孩子的青春期其实也是一个机会,能让我们更好地向新权威转型。

如何应对青春期孩子的外貌焦虑

我的青春期个案中,有太多女生会过度关心自己的体重、脸上的痘痘、脸的大小……人对外貌的关注,就是始于青春期,这是青春期正常的发展现象。

孩子对外貌的关注也拨动了一些父母敏感的神经。在他们看来,这就叫"臭美",而一旦开始"臭美",青少年就该分心了,比如不专注学业、交男女朋友,等等。

孩子进入青春期产生的爱美之心,其实有身体和心理两方面的来源。

首先是身体变化,也就是身体发育,引起了孩子对自己和他人身体的关注。这种变化可以早到 8~9 岁就发生,晚到 13~14 岁也会出现。如果说之前孩子的身体就像租来的汽车,全靠父母保养,孩子只管去用。而到了青春期,孩子就好像突然有了产权一样,开始琢磨汽车的品质、内饰,也就开始好奇,关注身体的细节,会跟同性比较、被异性吸引。

其次是心理变化。一方面,孩子会追求他人的认同,这种心理会让他们对潮流和同伴特别敏感,很容易被影响。另一方面,他们新萌生出的独立念头,会让他们开始挑战,甚至丢弃之前从家长和学校那里得到的认识。于是就会让家长觉得"孩子被潮流带坏了""孩子越来越不听话了"。

对外貌的关注和被同伴的影响,是青春期孩子的正常现象。在这个时期,孩子的变化可能很大,她们很喜欢韩国女团,会开始琢磨化妆,一边审视自己的改变,一边又担心别人的眼光和父母的反应。换句话说,这时候的孩子是比较脆弱的。

到底要如何应对孩子的外貌焦虑呢?

父母一定不要先从三观上开始评判,而是要先从外貌焦虑的程度上,看看孩子遇到的问题大小。如果程度可控,即便有些外貌焦虑,那也依然算是正常现象,用策略去管理就好。

除了刚才我提到的对青春痘过于敏感,担心脸型之外,常见的外貌焦虑可能还会涉及到,觉得眼睛太小、单眼皮、鼻子不够挺、毛孔太大、个子太矮,等等。

但一般来说,即便孩子对自己的外貌不够满意,存在一定程度的焦虑,通常都是在可理解的范围内。冷静的时候他们也都能客观地看待问题,比如说,知道青春痘只是暂时的瑕疵,而不是"脸烂了""丑死了";也会客观看待可能的选项,比如试着用眼贴先来改变眼睛的样子,而不是小小年纪就非要去动刀;可能会觉得毛孔大,然后舍得花压岁钱去买有效的护肤品,但不会对着镜子三个小时不出门。换句话说,虽然孩子对自己的期待跟现实有差距,但总的来说,最后都能够接受和面对现实。

不要跟孩子的观点做拔河比赛,而是要画一个大点儿的圈儿,把孩子的、父母的、其他的观点都放进去,让孩子看到,不同的观点、现象、事实是可以并存的,不是非此即彼的。一个可以包容差异、不轻易评判的环境,会帮助孩子减少不安和自卑,更好地做自己。

总之,当孩子表现出对外貌的焦虑,表达了自己的想法、感觉和愿望时,家长要做的是。

首先,不否定、不批评。

其次,保持好奇,并试着去理解孩子。

最后,如果可能,帮助孩子实现合理的愿望。

我的其中一个 18 岁的青春期个案,就在上大学前,去做了一个微整形,改善了自己的脸部轮廓,让自己更自信地步入大学生活。

我总结了三个方面,来帮你更清晰地判断,分别是专注、痛苦和损害程度。

1. 专注

专注指的是，孩子在关注身体某个部位或问题上所花费的时间。如果每天超过 1 小时，那就得警惕了。请注意，这不是孩子迷上穿衣打扮的那种自得其乐的状态，而是说他陷入了一种跟身体的某个部位去较劲，自我烦恼的状态。研究发现，有躯体变形障碍的人，通常每天会花费 3~8 小时在他关注的问题上。比如孩子在照镜子、化妆、查阅资料、反复诉说、询问等方面所花的时间，这是最容易观察到的。

2. 痛苦

痛苦是来自当事人的描述。这种痛苦，明显与我们对身体的某个特征不满意的感受不一样。比如，我们可能会觉得"自己眼睛要是再大点儿就好了"，为此有那么点失望。而患者的感受则是"眼睛实在是没法看"，别人会觉得丑，会因此讨厌自己，并因此感到绝望、恐慌。

3. 损害

对外貌的过分关注破坏了正常的生活。比如，人际方面不敢见人、学业方面无心读书、家庭方面无暇顾及等。

如果在这三个方面孩子的行为都让你感到担心，那你就需要知道爱美之心人皆有之，青春期孩子的外貌焦虑是正常现象，一般情况下孩子自己可以容忍并接受，家长要做到不否定、不批评，试着理解孩子。但孩子一旦在外貌焦虑的路上越走越远，这时候就需要求助于专业的心理医生进行治疗。

如何应对青春期孩子的情绪化

作为一个青春期孩子的父母,有这样一类现象你肯定不陌生:一个本来温和听话的孩子,不知什么时候开始对父母处处看不顺眼;本来阳光活泼的孩子突然对父母关闭了房门,多问两句就横眉冷对,摔摔打打;再或者,前一秒还开心地聊天,下一秒不知说到什么敏感话题就立马变脸了。

不知道你有没有一种跟孩子说话需要三思而行的感觉?反正我是有。作为两个青春期孩子的妈妈,老大是 14 岁的女孩,老二是 12 岁的男孩,沟通方式完全不同。

尤其是在给孩子提要求和拒绝他要求的时候,比如要讨论关于按时上床睡觉、完成作业、交手机、控制零花钱等,都得先想想他们脸上大写的"别烦我"。

这些青春期的情绪化现象,还可能伴随一些危险的冲动行为,比如花钱给明星打榜、泡夜店、通宵网游、抽电子烟、旷课、打架、离家出走等。这些被看成青春期叛逆的行为,都会让父母的心脏经不起折腾。

作为孩子身心健康的守护者，父母既不能过度紧张，也需要仔细辨识，积极应对。我有几点经验分享给你。

1. 情绪化表达是正常现象

首先我要说的第一点，青少年的情绪化表达，大部分是正常现象，不一定是青春期叛逆，千万别感觉不好就扣帽子。

在展开之前，我想先问你是不是同意这样一个共识：绝大多数父母其实感受最大的是，孩子在青春期的成长是迅速的，他们的变化让人感到惊喜。

具体来说，他们的智力会迅速发展，思维越来越全面均衡，反应比我们快，我们能从他们那里了解新事物，获得新观点；他们的身体发育一天一个样，个头和力量都在增长，精力充沛；他们的情感变得细腻而敏感，喜欢或者讨厌都很明显。

青春期孩子有几个生理和心理特点。

首先，青春期孩子的大脑发育很迅速，但是存在不均衡的现象。比如理性逻辑思维发展得很快，但是情绪调控系统的发展却有点跟不上，这使得孩子可能说一套做一套，翻脸比翻书还快。很多家长跟我无奈地描述："脑子转得快着呢，根本说不过他。"

其次，多巴胺系统的敏感度特别高，这让青少年尤其喜欢寻求刺激，渴望快感。比如篮球、足球、滑板等看起来很酷的体育运动，或者感官上新鲜的娱乐项目，比如电竞、桌游、剧本杀等，都会特别吸引青少年。

最后，他们头脑中有一个漏洞，喜欢臆想，而且不容易被纠正，还带着强烈的"以自我为中心"的特点。比如说长个青春痘，就会觉得所有人都会注意到；如果你跟他说哪些行为是危险的不能做，他会觉得自己是个例外，偏偏要试一试。

2. 管得太严或太松

如果只是有些情绪化，并不要紧，但是有些孩子还会做出很多"出格"的行为，有些还挺危险的，比如说对抗权威、旷课、偷窃、滥交、离家出走，等等。

青少年危险行为的发生，跟父母和家庭环境的关系尤其密切，通常不是管得太严了，就是管得太松了。

那该怎么办呢？我给你支这么几招。

第一招，你需要把平等对话、乐意分享和聆听作为日常姿态。

我们知道孩子不会一下子变成另一个人，这中间都有过程。所以你不要把孩子的善于辩论当成好斗，把想要独立直接当成叛逆。如果孩子原本顺从听话，现在变得斤斤计较，那可能是因为他的逻辑思维发展之后，会愿意指出你在逻辑上的前后不一致，也能看出你是不是在滥用权威。

第二招，别指望孩子会在关键时刻把握好分寸，一定要订立规则，在必要的时候出手把关。

青少年被好的感觉诱惑的时候，理性思维会退居幕后，强烈的多巴胺刺激会让他们做出"蠢事"，这通常无关道德。比如，当一个青春期的女孩子坚持要在同学家里留宿的时候，二话不说，你要做的就是立刻去接她回家，保护好孩子的安全是第一位，同时不要轻易下道德评判，这反而会激起孩子的叛逆。

最后一招，作为父母要反思自身的行为，营造良好的家庭环境。

这里我拿离家出走来举例子，对青少年来讲，一言不合冲出家门是很正常的现象。但是大概只有10%的青少年会真的离家出走，其中一半以上不会有第二次。这种情况一般是在提示父母：真的出现了需要认真对待的家庭问题了，比如存在无法忍受的父母冲突、高压的家长作风，等等。

总结下来，父母只要能够做到学会聆听，平等对话；出手把关，不做道德评判；避免冲突和高压的家庭环境，就能大大降低青少年发生危险行为的概率。

3. 情绪失调障碍及识别

说到这儿，无论是孩子的情绪化表达，还是偶尔为之的冲动冒险行为，都属于正常的情绪化问题。孩子一次两次离家出走是提示家庭矛盾的"信号"，而一旦孩子反复离家出走那就会变成一种病态的"反应模式"了，其他的危险行为也是同理，需要你特别警惕。因为孩子可能正在滑向"情绪失调障碍"。

情绪失调障碍可不是简单的情绪化，而是一种很痛苦的心身疾病，你需要仔细识别。情绪失调障碍是一个刚刚被学术界提出来的疾病名词，等同于目前诊断系统里的"边缘型人格障碍"。我帮这样的孩子做过催眠，他们在潜意识里的想法会非常与众不同。

如果你觉得孩子情绪化过头了，怎么辨别是否有情绪失调障碍呢？你可以从五个方面对对号，看有没有失调的现象。分别是：情绪、行为、认知、人际关系和自我意识。

咱们先看情绪失调，这是这个病的核心。简单来说，它就是对刺激过于敏感，情绪来得快、强度高。有人形容就像是龙卷风，患者自己都没反应过来，就已经被淹没了。而其他方面的失调，都是基于这个基础。

行为失调。这是指你在情绪上来之后，跟着冲动走，发生过激行为，比如自残、自杀的行为。

再来看认知失调。它是指想法会变得很极端、消极，失去之前的理性。

然后看人际关系失调。这是指前面这些认知、行为的反应，表现在了人际关系上，比如对拒绝特别敏感、感到被抛弃、作出很伤人的反应，等等。

最后来看自我意识失调。这个是指被低自尊、无能感、空虚感包围，严重的时候甚至会感受不到自己，觉得世界变得不真实，等等。

PART 5

共创美好

我们只有充分地爱自己，
才能有能力爱我们的孩子。

世界无限，除非你自我设限

你觉得是什么决定了一个人的命运？

家庭出身、智商、外貌、学校，还是你的选择？我出生在四川宜宾一个普通的工薪家庭。我的智商和我的相貌一样普通，并非名校出身，唯有努力工作、努力生活！

可是，我先生曾经对我说："你表里不一！在外面看起来很成功，周末总在工作，你有陪儿子读过一本书吗？你的心思都没有放在家里！"

在公司，曾经的工作伙伴说："感觉你飘在空中，不沟通，大家都不知道你的想法，感觉计划总在变，追不上我的步伐。"

我曾无数次问自己，我的努力为什么会这样？我的命运已经注定了吗？

今天我成了一位亲子作家，青少年心理重塑导师，是一个好妻子、好妈妈。

学了心理学之后，我的生命彻底改变。我先生给了我一个很高的评价:"你终于像个妈妈了!"

改变无关对错,谁痛苦谁改变?谁希望生活变得更好,谁改变!

我相信:心理学可以改变一个人的命运,因为心理学曾改变了我的命运!

在过去 20 年里,我遍访名师,亲身实践。在加拿大学习了大量的前沿西方心理学,考取了美国 N.G.H. 催眠师协会的认证催眠师。10000+ 小时的个案,1000+ 次的课堂实践,让我更加坚定了自己专注服务青少年群体的初心,我的课程融合了西方积极心理学和行为心理学理论,加入了我们中国人的伦理道德和生活智慧,去激发孩子们的学习动力,让他们从小立志,树立远大的理想,有内驱力地去探索人生的意义和价值。

我相信种一棵树,最好的时间是 10 年前,其次是现在。世界无限,除非你自我设限!

心理学是一本关于人性的说明书,是一门能够让你的孩子,最重要是让你幸福快乐的学问,是我们中国基础教育忽视的一门重要学问。作为一名青少年心理重塑导师,我的使命是点亮一个孩子的学习热情,让他充满好奇地去探索这个世界,发挥自己的天赋能力,为这个世界变得更美好,贡献自己的一份力量。

记得读过一本很温暖的书《我从未如此眷恋人间》。读里面的文字，很想念我在天堂的父母。中秋节格外思念他们，还记得爸爸生病时在医院，骄傲地和临床的叔叔说："我这辈子，只要我老婆和我女儿高兴，我就高兴……"妈妈在医院，最常回忆的是她去各地旅行的经历，我带她去海口看演唱会的记忆……人生到头来，留下的都是那些值得回味的经历和记忆。

放假陪娃，一起看夕阳，一起做甜点，一起"创造"饮料，一起健身，一起游泳，一起逛古城，一起撸猫，一起看电影，一起聊心事……感受到人生真正的幸福，不过是万家灯火的温暖和柴米油盐的充实。

中秋节前夕，和先生小酌了几杯，借着微醺，第一次半夜给部分私教学员和阳光妈妈闺蜜荟的姐妹，发了走心的祝福短信。觉得真诚地表达是最美好的状态。感受到能量的回流，"亲爱的，中秋节快乐！缘分太奇妙，在我特别无助的时候就结识了你，你成为了我和孩子之间的重要纽带，有你的陪伴，我才能踏实安心地度过那段时光"……收到客户的反馈，看到她们的近况，有的在西藏旅行，有的和家人在澳洲过节……活出了喜悦和绽放，感受到她们的状态越来越好，是我最高级的快乐！

接着，我在中秋节那天做了一次大突破。给我生命中重要的贵人，走心地发一条专属于对方的短信。去主动看见和认可。感受到越表达，越流淌。以前觉得过节发短信很形式，从不发，也从不回复。但今年发现自己变了，愿意主动去链接，愿意真诚地表达，也收获了很多感动。特别是收到了很多加拿大朋友的祝福，感觉四年多没见大家，但彼此的心一直很靠近。有几个姐姐，收到我的留言，都感动地哭了。感恩我们一起走过的日子，感恩我总能遇贵人。

我们一家四口会在长沙待到六号，好好陪陪公婆，女儿做好了攻略，主要以静制动。"无事此静坐，一日当两日。妈妈，我们各自拿一本闲书，在湘江边的躺椅上可以待上大半天。"

"万物静观皆自得，四时佳兴与人同。"唯静，才能观照万物。

心向阳光，喜悦绽放

我是一个以目标为导向的人，当初是想参加好讲师大赛，所以报名了瑞言。去年在瑞言团队的帮助下，拿到了"好讲师全国三十强"的证书。今年深度"泡"在瑞言，让我感受到三度——温度、高度和态度。

1. 温度

我是一个靠感觉做决策的人，进入瑞言学习，感受到瑞言团队和同学们之间浓浓的温度。茶歇有水果、蛋糕，各种好吃的，同学们会自发地带礼物和手信。大熊老师会在母亲节和情人节给女生们准备玫瑰花。

最让我感动的是赋能导师嘟嘟，她从一开始就为我制定了周全的成长计划，陪着我一起打磨课程，见证了我从0到1把"阳光妈妈闺蜜荟"这个产品构思出来，打磨海报开卖。瑞言的导师太负责任了！现在马上要开营了，我的内心充满了感恩。如果没有嘟嘟，我不会这么笃定自己的方向。在事上练，慢慢地就找到了自己的初心——我要带领1000万美妈心向阳光、喜悦绽放！

温度决定深度，深度决定高度！

2. 高度

从3月8日直播以来，我已连续直播38场，成交100单+，变现六位数，直播激活了我朋友圈中的私域，最让我惊喜的是，这个动作为我带来了做直播前完全想象不到的可以如此快速联结的人脉资源。特别感谢家瑞和瑞言团队的助力和支持，让我打破了自己的完美型模式，终于从0到1了。

看着家瑞这么坚持直播，也激发了我想点亮更多人的发心。在瑞言团队的助力下，我在5月21日的10小时直播，创造了1.2万人的场观。万元产品成交了30单，换作以前，我简直不敢想象！直播中很多都是完全不认识我的陌生用户，有的还是直接付的全款，这份信任对我是莫大的鼓励。

我从来没有想过自己能通过直播直接卖万元产品，家瑞让我坚定了这件事的可能性，直播+私域变现了50W+。我还因为这场出色表现，被平台奖励了6000流量。有了瑞言整个生态的支持，我更坚定了自己6月份的目标，ALL IN 直播和短视频，全力以赴冲金V教育博主！我们多点亮一个孩子，这个世界就多了一个自信、阳光、美好的孩子。

高度决定价值，态度决定格局！

3. 态度

成事的前提是做人，主动利他是所有人都喜欢且应该具备的特质。这是一个盟友互助的时代，没有人可以靠自己成功。相互成就，才能让彼此的关系更好。朋友是麻烦出来的，要学会借力，并且努力争取成为朋友里程碑事件的共创者，成为彼此生命的礼物。"把自己做进对方的战略里"这是瑞言教会我的人生态度！

我出版的第二本书，是关于孩子的内驱力的。其中有一部分是采访100位智慧父母，萃取他们的育儿经验。已经线下访谈了50多位。隔离在家，马上调整心态，把采访搬到了线上。在和嘉宾的连麦中，我持续进入心流状态。一连播了4个小时不愿下播，收获了满满的情感价值。

我昨晚的场观又创造了6000+的观看率。一份时间，在同时点亮了6000人。我在直播中找到了自己的价值，很多陌生伙伴焊在直播间，从开播到结束整整待了四小时，说很长时间没有看过这么有能量的直播。开放度和情绪感染力是我认为的我们可以持续提升的点。真实最有力量，在提供干货的同时要让直播间的氛围是轻松自在，流淌着爱的。

这周在极度忙碌中度过，已经很久没有这么投入做一件事了。"阳光妈妈闺蜜荟"扬帆起航了！收到了丁老师的祝福，韩鹏杰老师和中管院的主任和何镇辰还发来视频，表示祝贺。看完视频我就哭了。我何德何能，能有这么多老师和伙伴的托举。闺蜜Suzie在开营的头天晚上还给我发了红包，封皮写着"给你托底的大宝贝"。有人说善良的人，决定了她吸引的能量。我深信不疑。

漂亮妈妈要拥有活出自我的能力

今天重感冒，在家里的床上整整躺了一天，下午居然能热情洋溢地去参加女儿的毕业典礼。我开始觉察到自己身上有一股倔强和向上的精神。作为现场唯一的家长代表分享了对孩子们的寄语。感恩所有的发生，一切都是最好的安排。

之后去服务咨询个案。两小时的沟通特别喜悦，我已经无意识地把丁老师交给我们的亮心沟通术，开始一点点实践在客户身上。让我感受到最好的学习是"在服务客户时用上所学的本领"。教是最好的学！

作为妈妈要活得漂亮，要拥有活出自我的能力，从采访过的智慧父母中，提炼出以下几点。

1. 少即是多

核心是聚焦（聚焦产品、聚焦区域、聚焦特定人群）。

反思我自己，在产品和特定人群上，我们很聚焦；但在区域上比较贪心，还没把深圳的市场占有率做好，已经在规划将课程辐射全国。听起来好像是全国开课,很厉害的样子(喜欢"装"的虚荣心和傲慢心在作怪)。很认同丁老师说的:教育最重要的是真实,一步一个脚印,短期目标还是要更聚焦,专注地先做好深圳!

2. 有觉察地去聆听

任何时候,带着觉察去提问;带着觉察去总结;带着觉察去鼓励。当丁老师在帮我的同桌丽霞做个案的时候,我被完完全全震撼到了!整个过程都是在认可、引导和有觉察地聆听对方的过程中完成的。精准地听到了对方的情绪和意图,并用一个又一个问题带出对方真正的热情。

"我走过的路,会是一个经典的品牌故事。""所有的传承背后都是知行合一。"这个过程给了我特别大的启发,我也在认真地梳理自己为什么会做教育?为什么会想把《道德经》放到我们的课程体系里。

3. 做一个能看到未来的人

未来的资源也是自己去定义的,未来的资源就是现在的资源。我们要运用好已有的资源,也同时要具备使用未来资源的能力。我开始认真地盘点身边的人脉资源,其实很多人都是可以联盟的,我首先请教游戏规则的高手,帮团队制定出一套清晰的规则。

4. 思考改变和成长的底层逻辑

只有聚焦改变底层逻辑，才能令改变和成长得以发生。反思我自己，我常常把目的和手段搞混。目的和手段是分开的，比如我们总关心孩子考多少分，却不关心他们是否自信？

我开始灵魂拷问自己在亮心学习 6 个多月以来，有没有提升寻找内心动力的能力？有没有提升清晰未来方向的能力？有没有提升透过现象看本领的能力？有没有提升内心坚定，不随波逐流的能力？有没有提升影响他人的能力？我期待在毕业时，可以在这五项能力上有所精进，交出一份让自己满意的答卷。

5. 心甘情愿去付出

丁老师问了我们一个扎心的问题："你有多长时间没有陪你在乎的人，去做他想做而不是你喜欢做的事情？"这其实是"放下自我"的方法论。

我们的快乐程度和我们自己付出的程度成正比。我们要创造一个双方沟通的空间，不要让对方有居高临下的感受，因为我们和对方是平等的。只有把自己放低了，才和别人有沟通的空间。我这两天回家，在我两个孩子和先生身上，都进行了实践，非常地好用！一夸他们，就打开了沟通的空间。

对方需要的不是解决方案，对方需要的是聆听、陪伴、同理、信心、希望、欢喜、认可和接纳。我反思到，当我在给对方贴上一个标签时，我就看不到真相了。因为我没有完全和他在一起，很多时候我都听不到对方讲话，特别是我的先生。我在有意识地修正自己的模式，过去的我只能听到自己的声音；现在的我要主动去聆听别人的声音。

6. 爱的五种语言

肯定的语言；爱的礼物；精心的时刻；服务的行动；身体的接触。

当我在给妈妈、孩子和先生打分的时候，我发现自己对妈妈的忽视。觉察到自己习惯了妈妈对我的付出，觉得妈妈的爱是理所应当的。当下的行动是提醒自己要多关心妈妈，她一个人在成都是很孤独的（虽然她表现出来的是自在和开心）。提醒自己要主动给妈妈打电话，要更耐心地聆听她的心声。用心地准备给她今年的生日礼物。

7. 度己度人

点亮自己（度己）照亮他人（度人）。

当我们自己是一个有信仰的人，一个知行合一的人时，就可以做到吾心光明。我准备了一个本子，把我认同的和自己特别有触动的句子（人生准则）抄在这个本子上，让它们深入骨髓，变成我的潜意识。

信仰代表着功力，同样的刀，使的人不同，效果是完全不同的。信仰是一种能量和力量。我开始感受有信仰的人，是极其强大的人。我的行动是：开始把自己的心锚从一个词扩展到一句话、一段话、一页纸。期待它们之间的逻辑，在不久的将来带给我万般惊喜！

8. 放下自己

我开始尝试编一些自嘲的段子和笑话。当我不太把自己当回事的时候，其实是自己最轻松的时候。

所有的发生都是礼物，只是包装不同而已。有些礼物的包装是冲突，是损失。觉察是脱离惯性的开始，无论对方表达什么，我们都能找到值得肯定的点。我有一个绝技是懂催眠，我的核心能力是适应力和行动力！拥有可以活出自我的能力！

优秀不是生活的本质，美好才是

我是一个一定会实现目标的人，我从小到大最引以为傲的地方，就是我想干的事，一定能干成！

跟大家举个例子，我和闺蜜在半年前，一起去挑战戈壁徒步111公里，为了达到这个目标，我的先生赌气地对我说："你要是去了，我们就离婚！"但在我眼里，那个目标更重要，如果你跟我离婚了，说明你不爱我，所以我就去了。

我和闺蜜已经认识了十几年了，是非常好的关系，我们从来没有红过脸，但在那次五天四夜的戈壁赛中，她对我怒吼。为什么？因为在整个111公里的路上，无论大风、沼泽，我永远冲在最前面。她受伤了，她被忽略了。她跌倒了，我根本没有关心她，我只冲着那个目标去。我的闺蜜对我大吼："洋洋，我在你眼里是空气，你根本不关心我。你活着的目的到底是什么？难道就是去实现一个又一个的目标吗？"

那一刻就像有一道闪电，把我击醒了。我开始反省自己，我看到了自己的模式，我永远活在目标里。我真正需要的是光鲜亮丽的外表下，那颗温暖的心；我需要的是热爱；我需要的是温暖；我需要的是一个活生生的有温度的人。

我突然发现了我底层的模式，我一直在学习很多东西，做很多事情，我把自己活成了连轴转的没有温度的机器。我一直觉得这是追求优秀的方法。直到有一天，我的老师问了我一个问题："洋洋，你能不能去深刻地反思一下，你为什么要追求这么多东西？"我突然觉察到底层的不安全感。因为我不安全，我就不停地向外去抓取，我以为我抓得越多，我就越安全，但实际上不是。

伴随着我的成长，我开始认可我自己了。我认为安全感不是靠向外抓取获得的，而是自己给自己的。我不断地进行刻意练习，一遍又一遍重复自己的心锚。

原来我可以不用打扮得那么精致，也会有人认可我，我做得不好也有人认可我。我开始接纳我自己了。当我开始接纳我自己的时候，我内在的力量就有了。当我有了这个力量，我就不太在乎别人的评价了。

我经常被问一个问题："洋洋，你每天做那么多事情，你是不是很累啊？"同学们，最可怕的是，我不知道我在这个模式里。我完全看不见自己，我通过一天做八件事去掩盖我的不安全感，但最后发现这八件事都没能让自己很满意。我从来不觉得这是问题，我也从来没有去看这个模式背后的东西。正是因为底层的不安全，让我拼命奔跑，就像森林里的鹿一样，我只有不停地奔跑，才能活下去。我的这种模式，在我创业初期给了我极大的好处。但我现在在做教育，如果我还是这个模式，就会阻碍我。

"优秀是为了让人生更美好，而不是优秀本身。"当我开始真正去理解它的时候，我就开始了真正的创造，我开始去聆听我先生讲话，我突然发现我们找到了一些初恋的感觉；我的客户一个接一个给我发来感谢信，因为我令他们的孩子在短期内发生了成长，这所有的改变来源于我的改变，我变成了一个活生生的美好的人，不是一个只为目标奋斗的人。当我开始认可我自己，不再那么没有安全感的时候，我就迭代了自己的模式，我将完美型模式转变成了允许模式，转变成了接纳模式，转变成了爱的模式。这个改变，让我收获了自在和喜悦，让我开始做减法，我今年只专注做好一件事情——把阳光少年私塾做好。就像丁老师在亮心教我们的一样，什么是教育？教育是上行下效，使人向善。引导孩子们找到榜样，让他们去享受学习，去勇敢挑战，去活出自己的热爱。我们只需要做到允许、接纳和爱！

我的老师叫我点亮洋,是希望我能够做青少年成长领域那个给人力量、给人方向的人。我们多点亮一个孩子,这个世界就多了一个阳光、自信、美好的孩子。

这份美好不是目标,不是优秀,是相信,是允许,是接纳。我用我的亲身经历来跟大家分享——优秀不是生活的本质,美好才是。

成长的本质到底是什么

稻盛和夫的人生巨大财富，就一句话："谢谢。"我们的一生，有太多的不容易。当我们在面对困难和挫折的时候，我们能说上一声谢谢，格局一下子就大了。所有的困难和挫折都是来帮助我们成长的。如果人生一直是顺利的，该有多无趣啊！

我最近突破了一个很大的卡点，放下了自己的完美型模式，敢于去更多地暴露自己不够好的地方，当我足够地打开时，我发现那些曾经的困难和挑战，都变成了礼物。

在梳理自己的人生故事时，我发现自己很多的幸运都是先生带来的。在他的保护下，我可以任性地做自己。曾经有很长一段时间，我们家的主要经济支柱是先生，我可以在加拿大过得无忧无虑，没有任何压力，开心地学习很多的心理学和美学的课程，在别人眼中也许是无用的课程，但我非常享受。

正是因为有这段特别的经历，才给我后面的创业积累了能量。我是一个情商很低的人，也是一个头脑很笨的人。以前不敢承认，拼命掩饰自己的短板，现在我会真诚地面对自己，对自己的短板说："谢谢！"

正是因为我做得不够好，才让我看到了我还有巨大的成长空间。我最近一直在思考成长的本质到底是什么？我们成长最大的限制和障碍到底是什么？后来我想通了，就3个字：不觉察。底层是我们的思维方式。

昨天参加潮汕商会的活动，感受到潮汕企业家的人格魅力。人生走成什么样子？方法论的效能固然重要，但它远远小于我们的思维方式。价值观决定了意义。我们为什么会做一件事情？直到我们真正地想明白了，我们的能量才会上去。

自我认知是关乎我们内心的幸福和快乐的。生活就应该是有泪有笑；婚姻就应该是一地鸡毛。当我真的可以接纳过去，对所有经历的一切说谢谢的时候，我发现我便有了可以在一地鸡毛里抽丝剥茧，收获了沉淀下来的思维方式；学会了内方外圆的处世态度；坚定了自己的价值选择；明确了自己的内心对话。

在我们成长的过程中，有太多的外部限制和内在限制。就像我今天的咨询个案，他毕业于清华，非常优秀的90后男生，他被自己优秀的光环紧紧地锁住了。他告诉我，他一直抱着西瓜去做选择，因为他是清华毕业的，他没有办法抱着芝麻去做事。他很难去接受不确定性,他不允许自己犯错,所以总是做好了准备,才去做一些事情。他特别羡慕那些有行动力、执着的人。因为他总是被动地去接受一些安排。我问了他一个问题,如何才能摆脱这种限制?

他说他摆脱不了,因为他常常会不假思索地把外在的评判,内化成内心的标准。不仅认同,而且会马上变成自我评判的标准,他总是摆脱不了自己的外在标签,看不到自己的底层逻辑,这将会给自己的人生带来多大的困惑啊!让自己非常内耗,而且他会不加审视地把外在的标签内化成真实的自我。

点亮自己，照亮他人

当我翻开我们的毕业纪念册，看到我当时申请加入亮心私塾学习的申请书，不禁潸然泪下。感叹冥冥之中自有安排，我当时写到的三条原因，第一条是希望自己能在亮心修炼成一个"外圆内方"的可以去服务生命和奉献社会的人。我在毕业典礼上抽到的卡片恰恰是"为他人、为社会，竭尽全力"。

我问自己：我真的是一个有使命感的人吗？如果抛掉这些鬼话，落地一点，我到底想成为一个怎样的人？答案是——一个给人力量、给人希望的人。我知道这条路并不平坦，同时会遭到很多人的质疑，但我内心无比坚定，我余生就想做好这一件事。

让自己变得更厚重、更谦虚、更利他。在经营好自己家庭的基础上，更好地扩展自己的事业。能够有智慧地分辨出那些影响和牵绊我的到底是资源？还是累赘？

看着自己的时间廊，每一期都是那么有力量，文字中透露着坚定。在《80岁的自己给38岁的自己一封信》中写道:"伟大的人生就是征服卓越的过程。我们所谓的极限,往往才是我们的起点。千万不可以小看自己!""只有长时间的吃苦,才有长时间的收获。苦难是财富,你挑战得越多,力量就越大!面对困难,你要无所畏惧,即使害怕,也要勇敢前行。"

《说一说你的榜样》中写道:"我希望成为像丁老师一样的人,善良、丰富、高贵。能给人信心、给人方法、给人力量,做一个内心坦荡的人。足以承受得住命运的打击,也配得上命运的赐予。我恍然大悟,原来我们从丁老师身上学到的不是知识,而是方向、是力量、是爱、是勇气、是点亮他人的光。"

"一个个性化的自我实现的过程是关于你自己的旅程。带头人用自己的愿景和背后展现的价值观去寻找同路人。你只需要带着微笑,调整好自己的脚步,让别人感受到你的快乐、热情和成果,团队自然会跟上。"阳光妈妈闺蜜荟,就是这样诞生的。坚定地踏踏实实地走好人生的每一步,努力成为自己想成为的人。

《我和我的心锚》中写道:"上善若水——从行动开始,最后终于品质。我的心锚让我心定,如水一般与世无争,如水一般随机而动,如水一般动静结合。上德若谷——胸怀如同山谷一样深广,可以容纳一切。"

《感恩》中写道:"一个人的宽广、格局、幸福指数,跟他的感恩习惯有关。感恩我所有的朋友,谢谢你们对我的包容。我是一个这么自我和自以为是的人,你们依然爱我、支持我,让我有了想变得更好的自信"。

在丁老师、娘娘和八班同修们的帮助下,我破除了完美型模式、证明模式和害怕拒绝模式。幸福是能够感受生活中的小确幸。坐在工作室的院子里喝茶,只是发呆就很幸福。

"全班只有一个点亮,就是点亮洋。把一件事做到极致,一切都会显现。一个教育工作者,随时随地的修行自己。修行之路长且阻,同时阳光普照,春暖花开。"感恩丁老师的寄语,感恩娘娘一路的走心陪伴,未来山长水阔,祝福无限八班的每一位同修都能随心所向。我们一起践行点亮自己,照亮他人!

最喜欢的状态

如果要用三个词概括我最喜欢的状态，我想高度贴合的是——松弛、幸福、笃定。

亮心毕业后，我有一段时间非常痛苦，感觉找不到自己了。感觉被外界的评判带着走，最可怕的是我自己都开始怀疑自己的能力，我问我自己："他们说的是我吗？我是一个相信自己和别人的人吗？"问完我就放下了，人都不可能是完美的，这个世界很喧嚣，我们终其一生不可能满足所有人的期待，我们只能去找到同频共振的一小部分人，为她们创造价值，让她们真心受益，通过自己不亚于任何人的努力，与相信我的人一起相互成就。

1. 松弛

我记得刚入亮心时，丁老师说："洋洋，你很勤奋，做事很认真，如果毕业时，你做到了松弛，就可以毕业了。"

周日是雷打不动的家庭日，用心陪伴家人，周一是正念日，我和自己在一起，健身、冥想、读书、写作、不拿手机，不工作，彻底放松和释放，只和自己对话。

自律是反人性的，我还不能很好地主动自律，我就选择从被动自律开始。比如我坚持每天发布6条信息在朋友圈，已经坚持80多天了，利用场域相互监督和罚款机制的力量，久而久之，我习惯了把更多时间投入到关键事物上，要事第一，也就成自然了。在松弛中有效率，实现了动态平衡。

2. 幸福

毕业后和先生的关系好了非常多，这直接影响了我的生活质量和工作效率，没有之前的内耗了。很多朋友都好奇发生了什么？真的要感谢阳光妈妈闺蜜荟的姐妹们，当我看到她们这么用心地照顾家人，特别是其中有一位是四个孩子的妈妈，她就像我的一面镜子，照到了我可以更好的地方。她就是我的榜样，让我有机会一点点修正自己的不足，慢慢重视亲密关系。

我悟性具足，可以感知和创造我想要的幸福。后亮心时代，我在刻意修炼自己最不擅长的表达感受。我还特别请教了丁老师，丁老师告诉我了一个绝招，我现在每天练习，发现每天练每天练，进步神速！真正的学习，是在红尘中学习。

3. 笃定

丁老师在阳明心学大课上讲了程夫人的故事。身为四川人，觉得好骄傲，"三苏"背后的伟大女人，她的豁达、乐观、坚韧和谦卑，让我感受到了她内心的笃定。当她丈夫准备去读书，面临谁来养家？她的一句"我等这句话等了好久了"，让我被震撼到。她不光养家，还把两个儿子教育成一等贤才！

女性承载的力量是无穷的。妈妈是孩子最好的榜样。我越来越笃定教育就是树人，每日一问，我今天有没有激发孩子？好的教育，是孩子们离开我们，在他们身上体现出来的品质，会成为他们行为的一部分。

最近一周的变化，让我们全家把爱护身体作为最高战略。生理状况对心理的影响是非常大的，若是身体状态不行，人很难有动力做事情。希望同修们都做好防护，保护好自己和家人，用全新的状态迎接新的一年。

PART 6
我的那些朋友们

我们知道幸福需要自己去创造,

和他们无关,

我们就活出了自在和坚定。

和青春期的女儿和解

成立了"阳光妈妈闺蜜荟"之后,有更多的妈妈开始把焦点放在提升自己身上。努力学习,成为孩子的榜样,也越来越多的妈妈在面对孩子的教育时,首先处理自己的情绪,能够以一种温柔而坚定的教养方式陪伴孩子。最让我感动的是其中一位妈妈写了一封长长的信给她的女儿,也是一份和自己青春期的女儿和解的最好的礼物。

写给女儿 2023 新年的一封信:

宝贝,我 15 岁的小姑娘,新年好!爸爸妈妈祝你在 2023 年新的一年里,简单快乐,身体健康,学习进步!

借着新年,爸爸妈妈,有些话想和你分享。

第一个愿望:

请一定要用感恩的心看自己,看爸妈,看亲朋好友,看老师同学,看这个世界!

要去感恩你现在所拥有的事与人!

更要去感恩那些你未曾拥有的，或未曾如意的事与人！

因为我们相信，未曾拥有的或未如意的，也是最好的安排！

当你学会了用感恩的心态去面对所有的不如意的时候，你才会真正明白那些对你不友好的事和人，实际上是在用另一种方式赞美你和关注你，更尖锐地爱护你的力量，推动你成长！

所以，请你要在心里拥抱那些不如意的人和事！

因为当你有感恩的心态，你就会更加快乐和成长，也会得到越来越多。

第二个愿望：

请好好地爱自己，让自己保持乐观，希望你要觉察和小心自己内心的"负能量"。因为执着于负面情绪，会让你远离内心的喜悦，会让你发现不了身边的美好。

人的一生，假如能活70岁，也就只有两万天左右，那么一点的时间，多一秒的负能量就会少一秒的喜悦。无论怎么过，一天都会过去，何不让自己快乐地过一天呢？

第三个愿望：

请一定要把自己当回事儿！

多找时间静下心，问问自己这阶段有什么追求，随后，率性前进!

生活之美,在于追求,请真实地体验,品尝当下经历的每一种滋味!

哪怕失败了,我也努力过,不后悔!

第四个愿望:

相信相信的力量!

只要你相信它会发生,那么它就会发生,这就是相信的力量!

当下,是你初中阶段,人生转折的时候,剩下的一年半你相信自己只要加倍努力,就要相信你自己一定能冲刺高中!

只要你相信自己,一切皆有可能!

只要你想!!!只要你愿意!!!只要你这一刻开始努力!!!

爸妈知道,其实你内心是向往美好的,你也想改变当下学习不好的形象,只是你会觉得力不从心,觉得好难,不知道从何开始,也担心坚持不了,所以,你才会做出"摆烂"的行为,但爸爸妈妈知道,这不是你真实的想法,也不是真实的你,你只不过是不知道怎么做而已。

其实,爸妈在生活工作中也会遇到同样的问题,只不过我们有一定的社会阅历了,所以会有更多的方法和信心去做出改变，那么，请你相信，爸妈能帮助到你，希望你愿意和我们一起做出改变！

这些年，我们有过吵闹打骂，甚至用过最狠毒的话去攻击对方，我们认为你越大越不听话，一切的不好我们都只归因于你做得不对，所以，我们才会批评你说教你。总和你提及我们小时候的条件怎么怎么差，想不明白，现在给你的条件那么好了，为什么你就是不懂得珍惜和感恩呢？是啊，年代不同了，这个年代的孩子怎么可能会和我们那个年代的父母做到感同身受呢？

其实我们的爸妈，就是你的祖父母，都是生活在温饱挣扎的年代，一日三餐都要想着怎么解决的，甚至都没怎么上过学，没啥文化，哪有那么多时间像我们这样追求心灵和心理健康，但我们从小吃过生活的苦，都知道只能通过知识来改变命运，你的祖父母也尽了他们的所有去供我们读书，才有了我们的现在，我们才过得比上一辈祖父母好。

现在，爸妈也希望你站在我们的肩上，去寻找你更好的人生！期待你的蜕变和成长！

一直爱你的爸爸妈妈
2023 年 1 月 20 日

好的教育是上行下效

我有一位很智慧的美女姐姐对我说过一句话：对孩子最有用的教育，就是让他们看见你在努力成为更好的自己。除此之外，都不重要。

她是潮汕人，特别相信家族传承的力量。热情、精力旺盛、冒险精神、组织能力、重视专业，这些重要的成功素质，在她孩子身上都有突出的体现，而且传承得特别好，儿子在耶鲁大学求学，推荐人是著名的投资家张磊。

采访100位智慧父母期间，就像平行宇宙里幸运地和100位智者相遇，与她们沟通是极其滋养的一件事。见面时仿似已经相交相识多年的挚友，言谈话语之间，默契共鸣外更是醍醐灌顶。我印象最深的一位是佩珊姐，她身上有一种温柔而坚定的力量。

道正、业兴、人和、上行下效在她身上体现得特别明显。感觉她永远充满活力，上次的香港巴塞尔艺术之旅，她化身我们的艺术导览员，全程为我们介绍最值得看的作品。感叹有专家带领，又省时又省力，还能完整了解艺术与商业的结合。做势做事，势成事成。她作为榜样妈妈，让我感受到，她总是能拥有良好的心态，善于制定计划，并敢于冒险。在她那里，一切愿望都可能实现。

我发现能成为孩子榜样的妈妈，都特别自律和积极。感觉没有什么可以阻碍她们幸福的生活，无论发生什么，她们总是从一开始就积极面对。佩珊姐就是那种仪态非常优雅自信的女子，她对待生活的方式，让她显得如此光芒万丈。她会朝每个人微笑，笑容非常灿烂和真诚，脚步里充满了源源不断的活力。她一直在坚持努力工作，制定新的计划，还在每周定期安排读书会，去赋能大家。

佩珊姐说："这就是她每天醒来都感到快乐的原因。她经历过富足的生活，也体会过穷困潦倒的状况，没有人知道接下来会发生什么。"对她而言，身体健康，享受工作，热爱家庭，拥有一群同频共振的书友，这就够了。

通过一年的沉淀和打磨，我们和学员一起共创了阳光妈妈闺蜜荟的六项精进。

（1）越付出，越得到；越分享，越绽放。

（2）共创一个安全、放松、喜悦、自在的共修场域。

（3）这个场域只有真实，没有优秀。大家是相互陪伴，相互成长的闺蜜。

（4）活出自信、阳光、美好的生命能量。

（5）只要不影响他人，你学习的过程怎样都是被允许的。

（6）日行一善。

共创了"阳光妈妈闺蜜荟"的核心价值和核心体系。

1. 核心价值

赋能妈妈成为孩子的内驱力教练，让妈妈不焦虑。

赋能孩子成为真实的自己，让孩子爱上学习。

赋能家庭实现其乐融融的氛围，让家庭拥有美好未来。

2. 核心体系

（1）道：这是前提，婴儿如道，顺其自然天性就是道的外化，一阴一阳之谓道，讲的就是内部力量的推动，也就是内驱力，而不是一味贬抑、否定。

（2）母：老子认为阴性的、母性的力量被人忽视，其实在家族精神的传承上更重要。母是道的象征和延续，从生命的产生到生长，母亲"生之，蓄之，亭之，熟之"，让儿女"不失所者久"，母亲"死而不亡者寿"。

（3）赤子之心：含德之厚，比于赤子。老子的思想与《周易》的"坤至柔其动也刚"一脉相承，传承的是中华民族家族精神中的母性崇拜的精神禀赋。用传统文化赋能孩子成长，给孩子看得见的精彩人生。

我们和世界的关系，是我们和自己的关系的折射。我们和自己的关系，是我们和母亲的关系的折射。感叹妈妈是这个世界上最伟大的职业，生育本身就是"向死而生"的勇敢，母亲的一生，就是开启智慧的一生！我们的初心是带领1000万中国妈妈心向阳光、喜悦绽放。我们多点亮一个孩子，这个世界就多了一个自信、阳光、美好的孩子！

你变了，世界就变了

在遵义茅台机场吃完羊肉粉，和安奈尔童装的创始人建青姐深度聊了我最近的困惑。女人到底要如何平衡事业和家庭？为什么我的先生总是不支持我呢？

她的分享让我醍醐灌顶！看到了我自己的"小我"太重，太关注自己的感受。我一直的困惑是，为什么我先生总是反对我出去玩儿？老说："你要是出去了，就别回来了！""你要是去了，我们就离婚。"等语言来威胁我！我最不怕的就是威胁！心里想，如果我连这点自由都没了，在这个婚姻中还有什么意思。我一定会选择毅然决然地出发，完全不理会他的感受。

我先生是最容易让我有情绪的人，"不允许我出去玩儿"，这是最容易让我有情绪的事。觉察到我选择不表达，没有把"我的自由受到限制"的愤怒表达出来。对方其实是不知道的！在我先生看来，"你就是油盐不进，不尊重我的意见"。他感受到的是不被认同、不被看见。

觉察到当他在和我发生冲突时，我选择天然对抗，并没有从他的角度考虑他为什么不想让我出去？他内心有什么恐惧？我能为他做点什么？如果我特别想去一个地方，我有没有和他沟通清楚我去的原因，毕竟我们是一个家庭，我不是一个人，我还有两个孩子，不能只考虑自己的感受和节奏，也要看到对方的感受和节奏。

我在思考，事业和家庭一定要对立吗？建青姐和我分享："上周刚去了新疆伊犁，带上了先生和我的三个孩子。我在做直播时，他们都来给我送礼物、刷火箭，一家人其乐融融！我的工作也干了，家庭成员都在一起，达成共识后特别轻松和喜悦。"

这个分享让我觉察到工作时可以带上家人。让孩子们感受到妈妈工作的样子，就像我上次去上海出差，实现了一天专注地开会，一天用心地陪娃去迪士尼的美妙时光。这样的亲密时光可以更多一些，多往家庭账户里存钱，家庭共同创造的记忆点可以更多一些！

建青姐现在的状态就是我想成为的样子，真诚、有爱，笑起来像孩子一样。她得到了先生和三个孩子无条件的支持，50多岁的年龄还可以从 0 到 1 尝试做直播，拍摄短视频。我对她的感受是:"永远年轻,永远热泪盈眶!"

建青姐分享道:"我其实在半年前,面临和你一样的困惑。我先生也对我说,你要把更多的时间放回家里。"作为一名上市公司的创始人,我深知建青姐压力很大,每天的事务比我要多太多,要复杂太多。但她愿意马上转念,马上放下自我,双眼直视对方的眼睛:"我从你的眼睛中,看见了我自己。"这句话特别特别打动我,其实整个世界都是我们内心的投射。我的先生也是我,我的孩子也是我,只有从对方的感受出发,去感受别人的感受时,才能和对方连接上,最后会收获意外的惊喜——对方说的,全是我想要的。

"别人都看见你闪闪发光的样子,看到你最后的结果。只有你身边最亲近的人,才有机会见证你一步一步往上爬的那份辛苦和不容易。""珍惜你身边爱的人,百年修得同船渡,千年修得共枕眠!你不开心时,他一定也不好受。"

我听哭了,感受到一个智者的慈悲和豁达!观自在,感恩所有的经历。就像今天早上的丁言丁语所说:"负面就像黑暗一样,你驱散不走它们,你要允许它们存在,因为黑暗是世界的一部分,你唯一可以做的,就是带进光来,点亮黑暗!"

你变了,世界就变了!当你找到你自己,全世界就会找到你!

正言、正行、正念的二姐

印象中和二姐的第一次联结,是她主动发短信给我,说要给全班同学赠送旅游保险。因为我那时候是班长,统筹着我们班的第一次游学。她的主动利他给我留下了深刻的印象。她身上有一股让人相信的力量,就和她的心锚一样让人心安——正言、正行、正念。我们七仙女在贵州兴义正式结拜,我们一起在山顶看云海、一起在民宿听法国香颂、一起拍摄臭美照,二姐是我们的定海神针。有她,就有心安!

1. 美学专家

二姐是我们八班的御用摄影师,很多不喜欢拍照的女同学因为她,从此爱上了拍照。大家越来越绽放,让本来就颜值高的八班,实现了颜值爆表。创造姐、军虹、Suki 都因为二姐的赋能,变得越来越美。为什么二姐能拍出这么美的照片?她的审美力从何而来?后来我听到一个故事:18 岁时二姐就开始了人生的第一次创业,她凭借着热情与真诚和一股不服输的劲头,一路拼搏,在岳阳当地创建了属于自己的品牌美容院,获得了客户的认可,她也因此实现了个人和家庭的财务自由之路。

二姐不仅有一双巧手,还有一双发现美的眼睛。她的办公室,永远有盛开的鲜花。我们常常能在八班的群里看到她发的各种美图,花是有能量的,生活如此美好,感觉她的员工真幸福,每天都生活在花丛中,活出了心花怒放的人生。

我们八班全体同学到二姐的企业走访,最大的感受是明亮和喜悦。公司整洁大气,员工亲切友好。无论是饮茶、喝咖啡、吃水果、品点心……每一个细节都有贴心的工作人员引导和服务。大姐张怡问了二姐一个问题:"员工周末加班,还能如此心甘情愿?"她莞尔一笑,答道:"所有的员工在周末都是自愿加班!"看到二姐公司那些漂亮的小姐姐,每一个脸上都洋溢着花一般的笑容,这恐怕就是最好的企业文化的显现。

2. 保险专家

我记得乔布斯说过一段话:"唯一让人有工作满足感的方法,就是从事你认为伟大的工作,而通向伟大工作的唯一方法就是爱上所从事的工作。如果还没找到这种工作,那就继续找。不要将就,要跟随自己的心,总有一天你会找到的。"

二姐就是这样一位幸运儿,她找到了自己终身热爱的事业,一干就是18年。我听过二姐讲她的故事:2002年她来广州看望妹妹钟萍，第一次接触到了保险业。妹妹经常去参加全球的旅游和学习，事业和生活的激情与充实深深地感染了她，在妹妹的鼓励下，她毅然将自己的美容院转了出去，加盟到保险行业！万事开头难，如何在人生地不熟的广州开辟自己的新天地？答案只有一个，那就是付出比常人更多的汗水和努力。她每天穿梭于广州的大街小巷、工厂住宅，每天坚持拜访10个小时以上，我听说在这个过程中，她磨破了无数双鞋！用坏了无数个公文包！遭受过无数次的拒绝和不理解！流过无数的泪水和汗水！二姐的正言、正行、正念让她每天保持不间断的拜访，因为她非常清楚，任何事业的成功都没有捷径，唯有不断的努力与坚持！

如何能为信任与支持的客户朋友们提供更加优质与全面的保险服务也一直是她所思考与努力的方向。所以在2009年，她参与创建了恒华保险代理有限公司，目前她所率领的金钻服务中心是恒华保险代理有限公司的第一大机构，他们根据客户的需求出发，量身定制个性化的保险方案，为客户的幸福生活保驾护航！

3. 驭夫专家

在创业的路上，二姐还幸运地遇到了自己的灵魂伴侣。"我老婆啊，对客户掏心掏肺，她有十八般武艺，用心去服务她的客户,夫妻关系、孩子教育、婆媳关系都难不倒她,她的客户愿意跟随她十几年。"二姐夫眼中的二姐,就是一个神仙老婆的模样!

在长达18年的职业生涯里,二姐的辛勤付出,伴随着喜悦和荣誉。她拥有了闪耀的舞台、终身学习的事业、志同道合的事业伙伴和犹如亲人的客户。她遇见了自己相伴一生的爱人。这个人帅气有涵养,成为了她的"黄金搭档"。

一个利他的人,一个眼里都是别人的人,自然受欢迎。我们亮心八班的企业走访,在2021年10月16日走进了二姐的企业恒华。同学们一到广州,就受到了二姐和二姐夫的热情接待。他们为八班同学安排了火了29年的鲍鱼鸡煲。

我们感受到二姐一家的热情接待,用心至极!能把每一件小事做到极致,结果自然显现。这让我想到为什么二姐的企业可以做得这么好,服务的企业客户已经超过了3000家,服务的家庭个人客户超过了10万人次。做事就是做人。二姐和二姐夫的贴心和用心,给我们全班同学留下了深刻的印象。

在走访二姐企业的过程中,我记得在春晚一般的氛围里,我们愉悦地听着二姐和姐夫的分享。听分享的过程就是在链接最高维财富能量的过程。她是高级保险方案定制师,NFP财富管理师,广州市女企业家协会理事,青年企业家协会理事,番禺网商会理事。姐夫也有 20 余年的保险行业经历,高级理财规划师、国际私人银行家、百万圆桌 MDRT 会员。从 2009 年至今,在广东地区深耕了 12 年,公司总部设在广州,目前与国内超过 60 家优秀的保险集团,达成了战略合作伙伴关系。

在晚宴上,二姐和二姐夫的甜蜜交杯,让我看到了好的爱情应该有的样子。在婚姻里,更应该懂得:珍惜,才能拥有;相安,才能静守。最好的爱情,是双向的奔赴!祝福二姐和姐夫的感情天长地久!我有一次邀请二姐和我在视频号连麦,二姐夫守在直播间,撒了一晚上狗粮。

我们亮心八班能有这样一位正念、正言、正行的姐姐,是何其幸运!丁老师说:"我完全不用担心钟伟的事业,因为看她的朋友圈就知道她是一个什么样的人了。她的朋友圈都是别人,没有自己。"我相信二姐的客户,都不会仔细看条款,因为她本人,就是客户最大的安全感!

我记得我们的阳光少年私塾的冬令营一推出,二姐就叫上身边的两个闺蜜一起来支持我们。利他是最好的利己!

PART 7

养育问答

妈妈正向积极的语言模式，
对孩子好习惯的推动，
是至关重要的。

Q1 尹洋老师，一般什么样的父母会找你做咨询？他们最想解决的问题是什么？你是怎么帮来访者实现改变的？

A1

焦虑的父母，他们会觉得孩子贪玩，对学习不认真，很期待孩子具有内驱力。

我辅导的个案中，我发现很多父母习惯性使用攻击性语言。这是内驱力杀手！虽然80后、90后的父母基本都能忍住不对孩子进行打骂、贬低侮辱，但许多时候情绪需要发泄时，不过是换了一种更隐晦的方式——攻击性语言。"你这点儿小事都干不好，将来还能干啥？""你就是一个贪玩捣蛋的孩子！""你就知道打游戏，从来不看书！"

虽然不打不骂，但攻击性的陈述，其本质和辱骂、贬低是一样的，都是语言暴力。好好说话真的是一件需要一生去修炼的事情。父母好好说话，孩子才能学会好好说话。若父母总是恶语相向，这些话会原封不动地流入孩子的耳朵，最后变成孩子的语言。

很多父母，在被孩子气得或烦得不行时，直接不和孩子说话。冷漠不回应，想让孩子知道她有多生气。但这种做法会对孩子的内心造成巨大的伤害。我帮1000+的个案做过咨询，很多青春期的孩子会陷入害怕和恐惧的情绪："妈妈是不是不爱我了？是不是不要我了？"

刚开始可能只是质疑父母的爱，若是被冷暴力对待久了，孩子会意识到："我的感受，父母根本就不在乎"，然后会隐藏自己的情绪，关闭自己的内心。一旦孩子关闭自己的内心，父母再想与其建立亲密、信任的连接，就会非常难！

来找我做咨询的客户，期待的改变，不是改变一件事，而是改变一个人。聚焦在改变上，通过改变一个人的思维惯性，去改变他的行为模式和语言方式，往往需要几个月，甚至一年的时间去做规划。总体战略是：把大的目标拆成一个个小步骤、小尝试，每周进步一点点，叠加到一起，就是一个大胜利。

落实改变，我把它分成三个任务：

第一，我会让来访者看到，他能够改变，这是发生改变的前提。

第二，在每个小目标上，要跟来访者商量怎么变，这是改变的落地。陪伴他一起去升级打怪！

第三，每实现一点改变，都要激发后续的变化，这会带来改变的叠加。

Q2 我记得你说过，人工智能时代，创造力、审美力和同理心最为重要。你是如何培养两个孩子的创造力的？

A2　　创造力指的是创造的能力或才能，兼具创新的特点和创造的能力。改变是创新的第一步，创新则是实现目标的一种手段，而不是目标本身。最终的目标是拥有持续的创新能力，也就是创造力。

首先，第一个方法，要鼓励和赏识创造思维。我的儿子，曾经在解答一道利用气压计计算大楼高度的物理题。他的回答是："妈妈，我可以用气压计贴在墙上，从一楼到顶楼，一次一次往上比画。"如果你能再想出一个方法来，我就奖励你一个冰淇淋。儿子说："我可以去找保安大爷，让他告诉我楼的高度，然后我把气压计给他。"最后，我奖励了他一个冰淇淋。

创造性思维需要一系列的心智习惯，比如好问、执着、爱想象、协作、自律等。所以我们作为父母，都应该成为这些思维习惯的教练，发现并赏识我们孩子的这些特质。

培养创造力的第二个方法，对错误保持宽容。很多父母一看到孩子犯错，就一棒子打倒，严厉批评，这肯定是不对的。没有试错，哪有创新呢？你要想创新就一定得有点冒险精神，承认错误，从错误中不断培养创新力。硅谷为什么能成为世界上创新力最强的地方？就是因为那里是世界上对失败最宽容的地方。爱迪生之所以有那么多项重大发明，就是因为他对自己的失败极度宽容。一次次发明灯泡失败之后，爱迪生甚至开玩笑似的说："至少我知道了一千种不能做灯丝的材料。"这是我们最应该去培养孩子的方向。

培养创造力的第三种方法，跨学科学习。现在咱们的创新，大部分都是来源于不同学科的交界点。正如乔布斯提过的，把看似不同的点联结起来，就会产生创意和创新。你只有经常跨界，未来才可能会有创造力。那具体应该怎么做呢？其实别想那么复杂，你可以在日常生活中，让孩子时不时来点新花样，尝试了解不同背景的人，和不同的人交流，换一只手刷牙，换一条路去上学，这些都是"跨界"，都能培养和激发他们的创造力。

培养创造力的第四种方法，采用多元表达方式。我们的左右两半大脑分别对应着逻辑思维和发散思维。现在的教育，重点培养了学习者逻辑的、理性的那一面，但是对于另一半大脑的开发却远远不够，也就是感性、发散的那一面。通识教育是我们非常缺的，多带孩子去感受大自然，多去博物馆和艺术馆，就能让他们感性、发散的那一面变得更强大！

我采访过 100 位智慧父母，他们把孩子送到了牛津、剑桥、斯坦福等一流学府。我归纳总结了一下，她们就是用赏识创造思维、鼓励试错、跨学科学习、多元表达这四招来培养孩子的创造力的。

Q3 怎样的养育方法能给孩子最好的滋养？

A3 各种教育理论都提出了不同的建议：正面管教、非暴力沟通、PET 父母效能、积极养育……这些名词很多家长都已经耳熟能详。但是，谷歌数据专家指出，如果从数据的角度分析，就会发现家庭居住的地理位置往往被忽略或低估了。背后真正的教育玄机仍然和家长的行为、教育理念有分不开的关系。

我记得曾经看过一个心理学的权威杂志，研究者用好几年跟踪并统计了几千对夫妇，用了大数据分析和机器学习后发现，婚姻幸福不幸福，主要不是取决于你的另一半，而是取决于你自己。如果单身生活时就拥有幸福感，那么结婚后拥有幸福感的概率，会比配偶身上所有指标都达标的总和还高四倍。

有数据统计：一个孩子在出生的第一年里，家长就要做一千七百多个大大小小的决定。由此推断，我们在孩子成长的路上要做多少"对孩子产生重大影响"的大小抉择。在我们育儿路上所做的万千决定里，有一个决定影响力很大，那就是：养娃的地理位置——具体来说是你所居住的社区。

父母选择在哪个社区，或者与什么样的人做邻居，这一个决定的影响力，占到了家长对孩子所有影响力中的25%。这个数据让我非常震惊！可见环境对一个人的影响。

做父母就是做园丁，给孩子在漫长的童年，提供适合成长的环境和空间。不用担心，提供了好的环境，孩子一定会按照规律茁壮成长。我始终都认为，父母是孩子成长的天花板。不要让孩子复制父母，而是帮助他们成为独一无二的自己。

我们在培养孩子方面不是很熟练，也需要进行学习和实践，与孩子一起终身成长，培养孩子的过程中，父母也在成长。

Q4　青春期孩子让人头疼！我知道你的女儿和儿子都是内驱力很强的孩子，你是通过哪些小事激发他们的内驱力呢？

A4　　我服务的私教学员大多是青春期的孩子。孩子抱怨家长的专制和不理解，家长控诉孩子的叛逆、厌学和难沟通。这些进入青春期的孩子和家长之间硝烟弥漫，但孩子们出现的种种问题，归根结底都是亲子关系处理不当引起的。我自己也是两个青春期孩子的妈妈。

我女儿很喜欢表达，有自己的主张和独立思辨力；她非常自主，从一年级开始每学期都会有自己的学习和日常生活时间表，并且能够很好地执行。我们基本上不会管她的学习，因为那是她自己的事情。她是个自信乐观的孩子，和同学老师之间相处很愉快。作为妈妈，我只是她成长路上的陪伴者。

我儿子相对来说更调皮，感觉每天都有使不完的劲儿。他很喜欢被认可！得到正向反馈后，他会更加积极地去做事。喜欢闹脾气，我现在能做到不被他带走。真正的理解和共情是站在孩子的角度，去体会孩子此刻的感受，接纳孩子此刻的所有情绪。

我曾经带着我的"阳光妈妈闺蜜荟"的学员们做过一个小游戏。拿出一张纸，依次写出孩子在生活中带给她们的挑战。我记得当时大家洋洋洒洒写了很多："喜欢打游戏、爱哭、顶嘴、不听话、打架、欺骗、发脾气、缺乏积极性、不想做作业、赖床、不刷牙、吃垃圾食品、喜欢吃冷冻食品、晚睡……"

看起来全是问题！接着，我会让她们闭上眼睛，充分发挥她们的想象力，"憧憬一下，当穿越时光隧道，来到了 20 年之后，某一天，已经长大成人的孩子回家来看你，伴随着敲门声，你的孩子出现了，此时你希望孩子身上已经具备了什么样的品格和技能呢？"

她们写下第一时间出现在脑海中的词语："阳光、美好、自信、快乐、有责任心、沟通能力强、有主见、有自己的思想、学习能力强、有领导力……"比起第一张纸上写的挑战，这张纸上写的全都是美好与正向的词语。这些美好与正向的词语就是孩子未来要具备的品格和社会生活技能。

对比这两张纸上列的清单，我们会发现，我们面临的现实挑战其实有可能是通往未来孩子具备的品格与技能的必经之路。"现在爱哭的孩子，未来可能更有情绪控制能力；跟你顶嘴的孩子，未来可能有主见；现在爱发脾气的孩子，未来可能不妥协、有原则；现在做事缺乏积极性的孩子，未来可能沉着冷静。"所以，从挑战到形成品格与技能，这中间最重要的是我们的语言模式和养育方式。

我的学员会告诉我，当我们做妈妈的情绪稳定，充分相信和支持孩子时，我们的孩子才会真正有内驱力！

Q5　我们知道你的私教学员大多是企业家家庭，你如何帮助他们做好家族传承？

A5　传承不仅仅是财富传承、企业传承，更是家风的传承。在我看来，维持家族传承的灵魂，不是财富，而是家风，也可以理解为家族文化。什么是家风呢？它不是家规、家教这么简单，而是一种生生不息的精神。家风可以是对学问的追求，对勤劳奋斗精神的推崇，也可以是善良淳朴这些美德，甚至是家国情怀的格局。我在辅导的学员中，有百亿企业老板的二代，我帮助他们成为有国际视野、家国情怀的世界公民。

良好的家风胜过万贯家产，英雄辈出比富贵满门更受人尊敬。家风是一个家族真正引以为傲、基业长青的法宝。对于企业家来说，精神的传承，才更有可能延续家族的荣耀。即使子孙已经转行，在其他领域也能闯出一番天地。

晚清名臣林则徐有一副传颂甚广的对联，我一直印象深刻。前半句，"子孙若如我，留钱做什么，贤而多财，则损其志"。也就是说，你本来是个贤才，但钱多了，你就不想奋斗了，这就叫"则损其志"。后半句是，"子孙不如我，留钱做什么，愚而多财，益增其过"。就是说，自身是个花花公子，最后坐到家里面，手握万贯家财，当败家子，最后，更加重了他的愚蠢。

正是有这样的家国情怀，林家从晚清到现代，近两百年来一直世世代代有传人，而且都是国家栋梁，不是外交家，就是政治人物。说到底还是家风、家训、家规的传承。这种精神传承的力量，是只传承财富永远无法企及的。

无论是富商巨贾还是市井百姓，都需要这种家风的力量，这才是真正最需要传承的。

Q6 我很好奇心理学如何帮助我们发展自我获得终身成长的？

A6 什么才是更好的人生？我们的人生发展是有方向的吗？我们能有效管理自己的成长吗？

如果可以，我们又该如何去实现一次次的人生突破，向着那个理想的方向前进呢？要破解这些成长谜题，心理学能为我们提供很多有用的线索。改变非常难，其实难在我们的心里。

你的心理系统就像一个鱼缸，而你就像鱼缸里的那条鱼，你在里面游看起来很自由，其实，你是被限制住了。人生突破的本质是心理系统的更新。我用催眠的工具带领来访者，检查他们的心理系统，启动自我发展的进程。

我常常把心理咨询比作面膜，催眠比作医美，它能够更深层、高效地帮助来访者去发现问题解决问题。我会陪伴个案从行为出发，告诉他们如何养成一个好习惯。怎样走出心理舒适区，迈开改变的第一步。接着，我将带个案去了解他们的思维系统，帮助他们如何让心智变得更成熟。

带个案到潜意识中看到有很多的防御性思维，并把成长型思维的工具介绍给他们。我会带个案一起来拆解身边复杂的人际关系，和他们一起突破爱恨情仇的迷局。他们会觉察不健康的关系是如何限制他们的？而想要拥有高质量的关系，他们又需要成为一个什么样的人？

最终，从整个人生的角度，我们要如何绘制自己的人生地图。人生的不同阶段都有它自己的使命，而理解这一个使命，这一不同阶段的课题，能够提示我们，该从哪里突破。

Q7 你创立了"阳光妈妈闺蜜荟"，感觉你们的圈子简单、纯粹而美好。要如何才能拥有高质量的关系？

A7　是的，好的关系让人幸福！我总结了几条经验：

1. 勇敢表达自己的需要

表达需要之所以困难，是因为我们总是依据想象中别人的回应和看法来决定我们应不应该表达，而不是根据我们自己真实的需要去表达自己。

如果我们在以往的人际关系中遭到过很多拒绝，那会让表达需要变得更加困难。可是，从课题分离的角度思考，这件事就变得简单了：表达我们的需要是我们自己的课题，而别人会接受还是会拒绝，那就是他们的课题了。

你不能把自己变成一个探测他人需要的敏感雷达，而看不到自己的需要。需要的正当性，不是通过想象别人的反应来确认的，而是通过我们自己的表达来确认的。也许别人不一定能满足我们的需要，可是"表达需要"本身也是一种需要。

2. 勇敢地拒绝别人

别人提出请求，那是别人的事，他遇到困难，应该提出请求。可是你接受还是拒绝，那是你的事，你也不能因为自己拒绝有困难，就抱怨别人不该提请求。如果你拒绝了，别人怎么评价你，那又是别人的事了。它既不是你能控制的，也不是你能剥夺的。别人怎么评价你，不应该成为你的行事准则。

一个人如果分不清什么是自己的事，什么是别人的事，那他就很容易变得敏感内向，容易受他人情绪的影响，活在别人的评价和期待中，把别人的期待变成自己的期待，把别人的情感当作自己的情感。

而自我发展成熟的标志，就是越来越能分清楚别人的事和我的事，别人的情感和我的情感。自我的边界，就是通过这种区分确立起来的。拒绝所有你不应该承担的责任和后果，让自己变得轻松和自在。

3. 勇敢去尝试，不要害怕失败

害怕失败，背后害怕的到底是什么呢？说到底，还是害怕别人的评价。而如果我们真的把自己的事情做好了，把别人的事情留给别人操心，那也许我们就不会担心别人的评价，那些来自人际关系的烦恼和羁绊，也许就不会给我们造成困扰。如果你对一个人有期待，不要在语言上要求他，而要像你期待他的样子那样对他。当然前提是，你要真诚地相信他有你所期待的那一面。好的关系，是彼此滋养！

现实就是一部永不落幕的戏剧，随时随地都有新鲜事发生。唯一不同的是，走近它，感受它，其实这是一种近的思维方式。

近的思维方式，就是关注真实的、正在发生的、近的事情。这些事情是流动的、不断发生着变化的。那相对应的，另一种思维方式就是远的思维方式，指的是关注想象中的、抽象的、远的事情。这些事情常常是静止的、僵固的，是我们头脑中已有的东西。

近的思维会不断跟现实接触，让现实改变自己的思维方式，是一条不断有源头活水的河流。而远的思维，是只注重头脑中已有的规则，这些规则让你只能看到你想看到的东西，这是一种拒绝改变的思维方式。

举个例子，我的"阳光妈妈闺蜜荟"里有一个姐妹，经常为未来没有发生的事情忧虑。我会带着她去正念思维："不如我们现在用很近的语言来想想。现在你只要问自己两个问题：第一个问题：你现在能做什么？第二个问题：你愿不愿意去做？"

这两个非常简单的问题，就可以把她的注意力迅速引到此时此地。高质量的关系是你能为对方提供价值，对方能感受到你在终身成长，并带着她一起终身成长！